JUMALALLISEN RAKKAUDEN VALO

Keskusteluja
Sri Mata Amritanandamayin kanssa

7. OSA

Toimittanut
Swami Amritasvarupananda

Mata Amritanandamayi Center, San Ramon
Kalifornia, Yhdysvallat

Jumalallisen Rakkauden Valo
Keskusteluja Sri Mata Amritanandamayin kanssa
7. osa

Julkaisija:
Mata Amritanandamayi Center
P.O. Box 613
San Ramon, CA 94583
Yhdysvallat

———————— *Awaken Children 7 (Finnish)* ————————

Ensimmäinen painos MA Centerin: huhtikuu 2016

Yhteystiedot Suomessa löytyvät sivuilta: www.amma.fi

Intiassa:
   www.amritapuri.org
   inform@amritapuri.org

Tämä kirja uhrataan nöyrästi
MATA AMRITANANDAMAYIN
lootusjalkojen juureen
joka on häikäisevä valonlähde, läsnä
kaikkien olentojen sydämessä

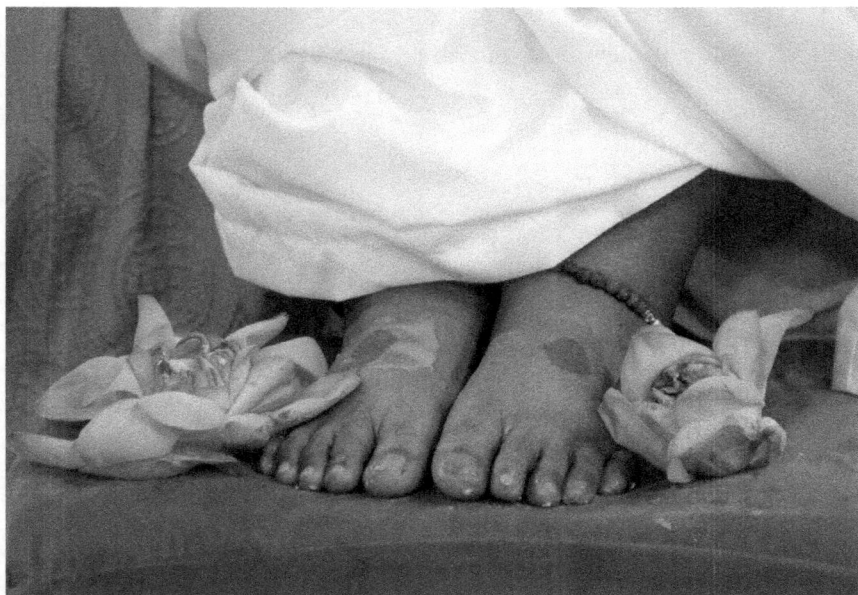

Vandeham-saccidānandam-bhāvātītam-jagatgurum |
Nityam-pūrnam-nirākāram-nirguṇam-svātmasamsthitam ||
Minä kumarran Universaalille Opettajalle, joka on sat-chid-ananda
(puhdas oleminen-tieto-absoluuttinen autuus), joka on kaikkien
eroavaisuuksien tuolla puolen, joka on ikuinen, aina täysi, ominai-
suuksia ja muotoa vailla ja aina keskittynyt Itseen.
 Saptasāgaraparyantam-tīrthasnānaphalam-tu-yat |
 Gurupādapayovindoḥ-sahasrāmśena-tatphalam ||
Mitä hyvänsä ansioita kerätäänkin pyhiinvaellusmatkoilla ja kyl-
pemällä seitsemään mereen laskevissa pyhissä vesissä, nuo ansiot eivät
voi olla tuhannesosaakaan siitä ansiosta, joka saadaan maistamalla
vettä, jolla Gurun jalat on pesty.

Guru-Gita, jakeet 157, 87

Sisältö

Esipuhe

Vedantan harjoittaminen on kuin sukeltaisi syvälle todelliseen elämään, tunteakseen ja kokeakseen elämän sen kaikessa loistossaan ja mahtavuudessaan. Vedanta ei ole elämänvastaista, päinvastoin, se on elämänmyönteistä. Se on erottamaton osa elämää. Se ei osoita meille jotain, mikä on ulkopuolellamme, vaan se kertoo meille itsestämme, todellisesta luonnostamme ja olemuksestamme. Itse asiassa, silloin todellinen elämämme alkaa. Amma sanoo: «Aivan kuten syömme ja juomme, tulisi myös henkisyyden harjoittamisesta tulla erottamaton osa elämäämme. Ellemme luo tasapainoa henkisyyden ja materialismin välille, emme saavuta todellista onnellisuutta emmekä elämän päämäärää. Tämä tasapaino on totisesti elämän ydin ja Vedantan sekä kaikkien muiden todellisten uskontojen tavoite.»

Tämä 'Jumalallisen Rakkauden valo'-sarjan seitsemäs osa on, sanoisin, Vedantan ydin. Se on varmin tapa elää onnellinen ja menestynyt elämä. Jokainen sana on syvällinen ja pitää sisällään koko henkisyyden ja itse elämän. Tämän kirjan lukeminen voi olla kuin meditaatio, katsaus omaan sisäiseen Itseen.

Maailman jokaisesta kolkasta löydämme ihmisiä, jotka ovat erikoistuneita tietyille alueille ja pitävät luentoja ja seminaareja, joissa opetetaan keinoja vapautua stressistä ja menestyä elämässä jne. Omana aikakautenamme tämä on tavallinen ilmiö. Tiettyyn rajaan saakka tämä kaikki on hyödyllistä, mutta ei pidemmällä tähtäimellä. Näillä keinoilla voi olla tilapäinen vaikutus osallistujiin, jotka kuitenkin pian palaavat vanhoihin tapoihinsa ja mielentiloihinsa. Miksi? Koska opettajilla itsellään ei ole kykyä katsoa syvälle ongelmien todellisiin juuriin ja poistaa niitä kokonaisuudessaan. Vain todellinen mestari, kuten Amma, voi tämän tehdä.

Tämä on pelon ja levottomuuden aikakausi, syvän tuskan aikakausi. Kuinka päästä eroon tästä kärsimyksestä? Kuinka saavuttaa olemassaolon toinen ranta? Kuinka pysyä tyynenä ja rauhallisena kaiken tämän kaaoksen keskellä? Tässä on tie. Amma näyttää meille tien, eikä siinä kaikki, hän pitää meitä kädestä kiinni ja johdattaa meidät päämäärään. Mikä on tämän salaisuus? Amma sanoo: «Pysy sivustatarkkailijan tilassa, äläkä koskaan liiku pois olemassaolosi todellisesta keskuksesta. Elä Itsessä ja katso kuinka kaikki ympärilläsi vain tapahtuu. Kun opit tämän todistajana olemisen taidon, joka on todellinen luontosi, muuttuu kaikki kauniiksi ja ilahduttavaksi näytelmäksi.»

Keskusteluissaan opetuslastensa ja seuraajiensa kanssa Amma, Korkeimman Todellisuuden ruumiillistuma, paljastaa oppilaittensa hyväksi useampia kerroksia todellista tietoa. Amman nektarin kaltaisten ja armollisten sanojen valaisemana polku näyttäytyy edessämme selkeänä, ja meidän tehtäväksemme jää vain kulkea tätä valmiiksi raivattua polkua. Älä huolehdi, ei ole mitään pelättävää, sillä Amma tietää varsin hyvin, että me olemme vasta kävelemään opettelevia ja horjuvia lapsia. Siksi Amma kävelee vierellämme, pitää tiukasti kädestämme kiinni auttaen ja opastaen meitä rakkaudella sekä myötätunnolla. Voitto on meidän.

Swami Amritaswarupananda,
Amritapuri, Intia.

8

1. luku

Ei rajallinen, pieni itse, vaan ääretön itse, atman

Miten Äiti pystyy muuttamaan niin monen ihmisen elämän, etenkin nuorten, jotka eivät vielä ole maistaneet elämän nautintoja? Tätä ihmettelee moni, niin uskova kuin epäilijäkin. Vastaus on yksinkertainen. Kun olemme Äidin seurassa ja katsomme häntä silmiin, näemme aavistuksen todellisesta Itsestämme. Äidin silmät heijastavat äärettömyyttä. Hänen koko olemuksensa antaa meille välähdyksen tilasta, joka on mielen tuolla puolen, täydellisen egottomuuden tilasta. Näemme Äidissä oman puhtautemme, joka on tahrattoman rakkauden puhtautta, Itsen eli *Atmanin* puhtautta.

Oletetaan, että olemme syöneet epäterveellistä ruokaa koko elämämme. Sitten jonain päivänä syömmekin terveellistä ruokaa, ja se on herkullista. Maistettuamme tätä hyvää, ravitsevaa ruokaa, jota on helposti saatavilla, vieläkö kaipaamme roskaruokaa? Ei, alamme vaatia maukasta, terveellistä ravintoa. Tällä tavoin maistamme Äidin seurassa kuolemattomuuden nektaria, hänen jokaisen katseensa, kosketuksensa, sanansa ja tekonsa kautta. Saamme siitä välähdyksen, ja aavistamme siinä olevan oma todellinen olemuksemme, *Atman*. Huomaamme myös, että kaikki se, mitä olimme tähän saakka harjoittaneet saadaksemme nautintoa, ei ole kerrassaan mitään verrattuna tähän autuudentäyteiseen kokemukseen. Silloin meille alkaa ensimmäisen kerran valjeta, että emme ole pelkkä keho emmekä pieni, rajallinen itse, vaan kaikkivoipa, ääretön Itse, *Atman* (Jumala). Kuten Äiti sanoo: «Meille paljastuu, että emme ole säyseä lammas, vaan mahtava leijona.» Äiti kertoo seuraavan tarinan valottaakseen tätä näkökulmaa.

9

«Kanan pesään oli joutunut muiden munien joukkoon kotkan muna. Kanaemo hautoi sitä kuten muitakin munia, ja jonkin ajan kuluttua poikaset kuoriutuivat. Kotkanpoikanen kasvoi kananpoikasten joukossa rapsuttaen maata ja etsien matoja. Se oli täysin tietämätön omasta todellisesta olemuksestaan, siitä, että se oli mahtava kotka. Päivät ja kuukaudet kuluivat, ja kanoista tuli täysikasvuisia. Kotka jatkoi yhä kanojen kanssa elämistään pitäen itseään yhtenä niistä. Se oli täysin harhautunut, se oli samaistanut itsensä tavalliseen pihakukkoon. Eräänä päivänä taivaalla liiteli eräs toinen kotka. Se kiinnitti huomionsa tähän meidän 'kukkokotkaamme', jolla riitti puuhaa sen kuopiessa maata ja nokkiessa matoja kanojen kanssa. Taivaalla oleva kotka oli hämmästynyt nähdessään tämän kaiken. Se päätti pelastaa 'kukkokotkan' johdattamalla sen pois harhaisesta tilastaan. 'Taivaskotka' päätti odottaa sopivaa tilaisuutta tämän tapaamiseen, ja eräänä päivänä, kun kanoja ei näkynyt missään, se syöksyi alas korkeuksistaan pihalla tepastelevan kotkan eteen. Kun kukkokotka näki taivaalta laskeutuvan valtavan kotkan, se alkoi pelätä kovasti ja alkoi äännellä kanojen lailla. Kanat tulivat heti suojelemaan tätä. Niinpä taivaskotka ei onnistunut suorittamaan tehtäväänsä tuona päivänä, vaan joutui lentämään pois.

«Pian tämän jälkeen kukkokotka eksyi kauas ystävistään, ja taivaskotkalle avautui uusi tilaisuus tapaamiseen. Hitaasti ja varovasti se lähestyi kukkokotkaa. Tällä kertaa se onnistui välimatkan päästä kertomaan olevansa ystävä eikä vihollinen, ja että sillä olisi tärkeää asiaa. Kukoksi leimautunut kotka oli epäluuloinen ja yritti paeta, mutta suostui lopulta palaamaan takaisin. Taivaskotkamme selitti sille, että se ei suinkaan ollut tavallinen maalaiskukko, vaan tämän itsensä kaltainen mahtava lintu, joka kykeni nousemaan taivaalle. 'Sinä et kuulu maahan. Valtava, ääretön taivas on sinun elementtisi. Seuraa minua ja koe taivaalle kohoamisen ihanuus. Sinä pystyt siihen, sillä olet aivan samanlainen kuin minä. Sinulla on samat voimat kuin minullakin. Tule, yritä!'

«Taivaskotka yritti suostutella sitä tällä tavoin. Aluksi kukkokotka oli epäuskoinen. Se epäili jopa, että kysymyksessä saattoi olla jokin ansa. Mutta taivaskotka ei antanut periksi. Kärsivällisyytensä ja tahdikkaan käytöksensä ansiosta se onnistui saavuttamaan kukkokotkan luottamuksen, ja pyysi sitten tätä seuraamaan läheiselle järvelle. Harhautunut kotka tunsi olonsa hieman luottavaisemmaksi ja sen vuoksi suostui seuraamaan opastajaansa järvelle. Ne tulivat veden rantaan. Silloin taivaskotka sanoi ystävälleen: 'Nyt, katso veteen. Katso kuvajaistasi ja huomioi meidän samankaltaisuutemme.' Kukkokotka katsoi kirkkaaseen, tyveneen vedenpintaan. Se katsoi ja katsoi, eikä ollut uskoa silmiään. Ensimmäistä kertaa elämässään se näki oman peilikuvansa, itsensä sellaisena kuin se todellisuudessa oli. Ja nyt se tiesi, että se ei näyttänyt lainkaan kanalta, vaan juuri samanlaiselta kuin taivaalta tullut kotka. Tämän kokemuksen jälkeen sen luottamus taivaskotkaa kohtaan kasvoi valtavasti. Sen itseluottamus lisääntyi huomattavasti, ja se suostui tottelemaan opastajaansa ehdoitta. Aluksi sillä oli jonkin verran vaikeuksia maasta kohoamisessa. Mutta ei mennyt kauaakaan, kun molemmat kotkat nähtiin yhdessä taivaalla liitelemässä ylvään majesteettisesti.»

Äiti sanoo: «Useimmat ihmiset ovat tuon kukkokotkan kaltaisia. He elävät elämäänsä tietämättöminä, tiedostamatta todellista luontoaan.» Hän muistuttaa meitä: «Lapset, te olette kaikkivoipa Itse. Koko maailmankaikkeus on teidän. Te olette maailmankaikkeuden herra - itse asiassa te olette maailmankaikkeus itse. Älkää pitäkö itseänne heikkona, voimattomana tai rajallisena.»

Äidin seurassa saamme aavistuksen todellisesta luonnostamme. Voimme nähdä hänessä sen, mitä me itse pohjimmiltamme olemme. Hiljenemme ja katsomme häntä ihmetyksen täyttämin silmin, sillä ensimmäistä kertaa elämässämme saamme todella vihiä todellisesta olemuksestamme. Äidin sanoessa, ettemme ole pelkkä keho emmekä pieni itse, ego, vaan perimmäinen Itse, hänen puheensa menee suoraan sydämeemme, sillä hänen sanansa tulevat korkeimmasta totuudesta käsin, ne virtaavat suoraan *Atmanista*. Hän voittaa meidät puolelleen täydellisesti ja auttaa meitä sitten hitaasti kohoamaan henkisyyden korkeimmille huipuille. Me olemme eläneet kuin 'kukkokotka' tietämättä, kuka todellisuudessa olemme. Ja Äidin

11

läsnäolon loistossa tulemme ymmärtämään silmänräpäyksessä, ettemme ole peräisin tästä maailmasta, vaan olemme korkein Itse. Kun samaistumme kehoomme, mieleemme ja älyymme, elämme kukkokotkan lailla harhaisessa tilassa. Me olemme mahtavia kultaisia kotkia, jotka kykenisivät nousemaan henkisen taivaan suunnattomiin korkeuksiin, ja kuitenkin elämme ja kuolemme kanojen lailla tuntematta todellista itseämme.

ॐ

2. luku

Mieli on hullu

Aiti keskusteli *brahmacharien* ja muutaman perheellisen oppilaan kanssa. Eräs *brahmachari* esitti Äidille kysymyksen.

«Amma, jos me todella olemme Atman, miksi totuus on niin vaikeaa kokea?»

Äiti vastasi: «Totuus on aina kaikkein vaikein asia, ja samalla myös helpoin. Tietämättömille ja egoistisille ihmisille totuuden tietäminen on kaikkein vaikeinta. Niille, jotka ovat tiedonhaluisia, jotka palavat halusta tietää, se on helpointa. Ihmisiä kiinnostaa vain egon ruokkiminen. He eivät ajattele Itsen tuntemista. Jotta voisi oppia tuntemaan Itsen, pitäisi ego näännyttää pois. Mutta valitettavasti suurin osa ihmisistä ei pysty kuihduttamaan egoaan. He päinvastoin takertuvat siihen yhä voimakkaammin. Ihmisissä on vallalla taipumus yrittää saada niin paljon huomiota osakseen kuin mahdollista. He haluavat tunnustusta ja ylistystä pitäen sitä itsestäänselvyytenä, joka heille pitäisi suoda. Tämä kaikki ruokkii egoa. Ego kukoistaa huomion ilmapiirissä. Kuinka sellainen, jonka ego kaipaa jatkuvasti huomiota, voi oppia tuntemaan Itsen?

Jotta Atman voisi paljastua, on mielen hävittävä. Niin kauan kuin mieli on olemassa, sinua hallitsee ego.

Ihmiset osoittelevat mielenvikaisia ihmisiä ja nimittävät heitä hulluiksi. Mutta he eivät tiedä, että todellisuudessa myös he itse ovat hulluja. Kenellä on mieli, on hullu, sillä mieli itsessään on hulluutta. Mielenvikaisen ihmisen tapauksessa se tulee selvästi ilmi ja siksi voit nähdä sen. Omassa tapauksessasi tämä ei ole niin selvästi tullut

13

esiin ja siksi sitä on vaikeampi huomata. Mutta hulluus on läsnä, koska mieli on läsnä.

Seuraapa ihmisiä, kun he kiihtyvät, huolestuvat tai suuttuvat. He menevät sekaisin. Suuttumus ei ole mitään muuta kuin tilapäistä hulluutta, samoin kuin kiihtymys ja hermostuneisuus. Ollessasi vihainen olet hullu, puhut ja toimit hullusti. Se on väliaikainen tila, jonka aikana kadotat mielesi tasapainon. Kun tämä tila tulee pysyväksi, sanotaan sitä hulluudeksi. Jos annat liikaa periksi mielellesi etkä pidä sitä oikealla tavalla kurissa, menetät tasapainosi ja tulet hulluksi.

Mieli on yhtä kuin ego, joka tekee sinusta hyvin itsekeskeisen. Mutta itsekeskeisyyden sijaan sinun tulisi pyrkiä pitäytymään Atmaniin, Itseen, olemassaolosi todelliseen keskukseen. Jotta niin tapahtuisi, on mieli sammutettava. Egon tulisi kuolla. Vasta silloin voit asettua sakshi bhavan (sivustaseuraajan tietoisuuden) tilaan.

Ego on suurin este matkallasi totuuteen. Egolla ei ole todellista olemassaoloa, sillä mieli ja ego ovat epätodellisia. Nykytilassamme olemme sen vaikutelman vallassa, että mieli ja ego ovat ystäviämme, mutta oikeastaan ne vain johtavat meidät harhaan, pois todellisesta luonnostamme. Mielellä ja egolla ei ole omaa voimaa. Ne saavat voimansa Atmanista, todellisesta olemuksestamme. Atman on todellinen mestarimme. Mutta tällä hetkellä väärät mestarit hallitsevat ja johdattavat meitä, nimittäin mieli ja ego. Ne eivät vain eksytä meitä harhalla, vaan ne myös peittävät näkyvistämme sen, mitä todellisuudessa olemme. Tietäkää tämä ja yrittäkää tulla ulos mielenne ja egonne ahtaasta kuoresta. Siemenestä ei voi kasvaa suurta puuta ellei sen ulkoinen kuori murru ja kuole. Samoin ei sisäinen totuus voi paljastua, ellei ego kuole."

Ego elää huomiosta

Kysymys: "Amma, sanoit, että ego elää huomiosta. Mitä tarkoitat?"

Äiti: "Lapset, tämä on jotakin, mitä teemme joka päivä, joka hetki. Huomiontarve on osa inhimillistä luontoa. Olemmepa siitä tietoisia tai emme, me kaikki vaadimme huomiota osaksemme. Ihmisillä on synnynnäinen kyky löytää keinoja muiden huomion kiinnittämiseksi itseensä. Jopa lapsi haluaa huomiota. Mieli ja ego eivät voi olla olemassa ilman sitä. Aviomies haluaa huomiota vaimoltaan ja vaimo aviomieheltään. Lapset haluavat huomiota vanhemmiltaan. Miehet haluavat naisten huomiota ja naiset haluavat, että miehet huomaavat heidät. Ihmiset tekevät mitä tahansa saadakseen osakseen huomiota. Koko maailmaa kaipaa sitä. Tämä taipumus on jopa eläimillä, sillä erotuksella, että niillä on erilaiset tavat herättää huomiota. Kenellä on mieli ja ego, tarvitsee huomiota, eikä voi elää ilman sitä.

Tavat joilla ihmiset herättävät muiden huomiota, ovat miltei samat kaikissa maissa. Tämä huomiontarve esiintyy kaikkein karkeimmassa muodossa eri maiden teini-ikäisissä. He tekevät mitä tahansa vetääkseen puoleensa muiden huomion, erityisesti vastakkaisen sukupuolen, ja he käyttäytyvät joskus erittäin hölmösti. He tekevät niin, koska tuossa iässä he ovat täysin mielensä ja egonsa vallassa. Mieli on hullu. Mitä muuta siitä voisi seurata jos olet täysin sen vietävänä? Hullun mielen tuote voi olla vain hulluutta.

Kun kasvat vanhemmaksi, myös egosi ja mielesi kasvavat, mutta niistä tulee vain hienosyisempiä ja sinun keinoistasi herättää huomiota tulee myös hienosyisempiä. Keinosi eivät ehkä ole yhtä karkeita kuin aikaisemmin, mutta tuo sama tarve on edelleen olemassa.

Äiti on kuullut seuraavan tarinan."

"Eräs toimittaja oli kirjoittamassa artikkelia tietyn kaupungin pormestarista. Hän halusi tietää ihmisten mielipiteen pormestarista. Hän teki gallupin kaupungin väestön keskuudessa. Jokaisella oli jotain sanottavaa pormestarista. Hänen sanottiin olevan sydämetön ja korruptoitunut, häntä syytettiin kaikista kaupungin epäkohdista ja moni katui, että oli joskus tullut äänestäneeksi häntä. Hän oli toisin sanoen hyvin epäsuosittu. Lopulta reportteri tapasi itse pormestarin ja kysyi millaista palkkaa tämä nosti työstään. Pormestari sanoi, ettei hän saanut lainkaan palkkaa. 'Miksi sitten olet niin innokas jatkamaan pormestarina, jos et kerran ansaitse mitään ja olet niin epäsuosittu kansan keskuudessa?' toimittaja kysyi. 'Kerronpa sinulle miksi, mutta älä kirjaa tätä ylös,' sanoi pormestari. 'Olen kenties epäsuosittu, mutta nautin kaikesta kunniasta ja huomionosoituksista, jotka lankeavat osakseni.'"

"Huomion tarpeen vuoksi tehdään jopa monia murhia. Ego saavuttaa sellaiset mittasuhteet, että ihminen alkaa ajatella saavansa osakseen huomiota äärimmäisen julmuuden nojalla. Tätä tapahtuu joka puolella maailmaa."

"Pari viikkoa sitten Amman luokse saapui eräs nuori mies, joka häpeämättä tunnusti, että hänen suurin toiveensa oli tulla kuuluisaksi. Hän kertoi Ammalle, että hän halusi kovasti nähdä nimensä ja kuvansa jossakin suuressa sanomalehdessä. Amma jutteli hänen kanssaan jonkin aikaa ja yritti saada hänet ymmärtämään asenteensa harhaisuuden. Lopulta poika muutti mieltänsä ja katui mitä oli sanonut. Hän oli vain rehellinen, ja siksi kertoi Äidille avoimesti halustaan. Mutta eikö suurin osa ihmisistä haluakin juuri tätä? Harvoin tosin ihmiset ovat yhtä rehellisiä ja sanovat miltä heistä tuntuu. Ihmisten välillä on muuri, yksilön ja yhteiskunnan välillä on muuri. Ihmiset ovat menettäneet avoimuutensa egon ylivallan vuoksi. He tyydyttävät vain omia halujaan ja mieliään.

Kun lapsi itkee, se hakee huomiota. Kaikki kunnianhimosi ja halusi pohjautuvat egon vahvaan, mutta hienosyiseen huomiontarpeeseen. Kun haluat tulla menestyväksi ammattilaiseksi, haluat huomiota osaksesi. Et halua olla tavallinen ihminen vaan jotain suurenmoista ja parempaa kuin muut. Et voi tyytyä siihen mitä olet. Haluat olla kunnioitettu ja tunnustettu. Näin käy koska ihmiset elävät enemmän mielessään kuin sydämessään. Amma ei sano, että teillä ei saisi olla kunnianhimoa. Siinä ei ole mitään väärää, mutta sen ei tulisi tehdä teistä liian ylpeätä tai egoistista. Teidän ei tulisi antaa mielen ja egon viedä itseänne mukanaan.

Tiedemiehestä tulee parempi tiedemies, jos hän oppii olemaan nöyrä. Poliitikkokin voi toimia parempana esimerkkinä ja inspiraation lähteenä muille, jos hän työskentelee enemmän sydämestään kuin mielestään käsin. Ja urheilija yltää parempiin tuloksiin, jos hän kontrolloi egonsa.

Mitä enemmän egokeskeinen olet, sitä enemmän huomiota kaipaat, ja sitä enemmän herkistyt kaikelle. Odotat ihmisten puhuvan ja käyttäytyvän tietyllä tavalla sinua kohtaan. Vaadit kunnioitusta muilta, vaikka et välttämättä ansaitsisi sitä.

Amma tuntee erään muusikon, joka vaatii, että häntä kohdellaan suurella kunnioituksella. Hän on lahjakas muusikko, mutta tämä ylpeys tekee hänestä vastenmielisen persoonallisuuden. Kerran yksi hänen ihailijoistaan, joka on itse hyvin musikaalinen, kommentoi kriittisesti hänen tapaansa tulkita erästä klassista intialaista laulua. Tämä tapahtui muusikon ihailijaryhmän edessä. Valitettavasti hän ei pystynyt hyväksymään kritiikkiä, vaikka se oli hyvin mietoa ja kohteliaasti esitetty. Hän otti sen loukkauksena ja löi arvostelijaa kaikkien edessä.

Missä tahansa he ovatkin, egoistiset ihmiset pelkäävät, että eivät saa osakseen kunnioitusta. He pelkäävät menettävänsä tärkeytensä. He eivät voi edes uneksia sellaisesta, sillä se on heidän koko olemassaolonsa perusta. Heidän egonsa elää muiden ihailusta ja muiden osoittamasta kunnioituksesta. Jos he eivät saa sitä, he menevät palasiksi. Jos ihmiset eivät ylistä heitä tai osoita heille huomiota, he ärtyvät ja heidän pinnansa pettää. Egonsa ja itsetärkeytensä vuoksi he eivät kykene vastaanottamaan minkäänlaista kritiikkiä, vaikka se olisi hyvinkin rakentavaa. He loukkaantuvat syvästi, jos heidät kyseenalaistetaan. He haluavat aina olla keskustelun keskipiste, etenkin kun ovat itse läsnä. Heidän koko elämänsä pyörii muilta saamansa huomion ympärillä. Kun sellaiset ihmiset lopulta menevät eläkkeelle, heidän ainoa huvinsa on menneiden muisteleminen. He elävät menneisyydessä, koska se oli aikaa, jolloin he saivat eniten huomiota. Heidän eläkeaikansa on surkea kokemus, sillä nyt heillä ei ole muuta millä ruokkia egoaan kuin muistonsa. He elävät joko menneisyydessä tai pitävät lähellä ihailijoitaan, jotta saisivat edes hieman huomiota, ja joku kertoisi heille heidän loisteliaasta menneisyydestään."

"Kuunnelkaa tätä mielenkiintoista tarinaa:
Luomisen loppu oli koittanut, ja seuraava luomisen sykli oli alkamassa. Brahma, luojajumala, loi lukuisia eri lajeja ja nyt oli koittanut aika määrittää jokaisen olennon elinkaari. Brahma aloitti ihmisestä, jolle hän määräsi eliniäksi kolmekymmentä vuotta. Ihminen ei kuitenkaan tyytynyt saamaansa elämän pituuteen, vaan vaati pitempää elämää. Brahma vastasi, että elinkaarta ei voi sattumanvaraisesti pidentää, sillä kaikille olennoille jaettavien vuosien kokonaismäärä oli jo päätetty. Ihminen vaati kuitenkin edelleen pitempää elinikää. Hän rukoili ja maanitteli Brahmaa, kunnes tämä lopulta sanoi: 'Hyvä on, katsotaan mitä voin tehdä. Seiso tässä vierelläni ja odota. Kutsun nyt muut lajit luokseni. Jos jokin laji ei halua kokonaan heille määrättyä elinikää, annan heidän päättää, kuinka pitkään he haluavat elää, ja annan sinulle loput heille määrätyistä vuosista.' Ihminen suostui mielellään ja seisoi Luojan vierellä, kun hän kutsui vuorollaan jokaisen lajin luokseen.

Brahma kutsui seuraavaksi härän ja antoi sille eliniäksi neljä-kymmentä vuotta. Härkä sanoi kuitenkin: 'Oi Herra, en kestäisi niin pitkää elämää. Armahda minua ja vähennä sitä puolella.' Brahma teki niin ja siirsi härän elinkaaresta kaksikymmentä vuotta ihmi-selle. Ihminen iloitsi elämästä, joka kestäisi viisikymmentä vuotta.

Seuraavaksi Brahma kutsui aasin, jolle hän antoi eliniäksi viisikymmentä vuotta. Surullisella äänellä aasi sanoi: 'Oi Herrani, älä ole niin julma. Olisi ollut parempi, jos et olisi luonut minua lainkaan. Herrani, en tahdo elää niin pitkään. Kaksikymmentäviisi vuotta on enemmän kuin tarpeeksi. Ole hyvä äläkä anna minulle sen enempää.' Ihminen sai siis kaksikymmentäviisi vuotta lisää, ja hänen elinikänsä oli siten seitsemänkymmentäviisi vuotta, mutta hän odotti edelleen innoissaan.

Aasin jälkeen Brahma kutsui koiran, ja oli aikeissa siunata sitä kolmellakymmenellä elinvuodella, kun se alkoi ulvoa vastustavas-ti. Koira sanoi: 'Ei, Herrani! En halua olla maanpäällä kauempaa kuin viisitoista vuotta.' Niinpä ihminen sai taas viidentoista vuoden lisäyksen.

Brahma kääntyi ympäri nähdäkseen oliko ihminen tyytyväinen, mutta katso, vain tyytymättömyys loisti hänen kasvoillaan. Seuraava laji, joka kutsuttiin paikalle oli mato. Brahma ehdotti sille kymmenen vuoden elinkaarta. Kun mato kuuli tämän, se miltei pyörtyi ja sanoi Luojalle: 'Oi Herra, minua karmaisee ajatella niin pitkää elämää. Ole hyvä ja lyhennä se muutamaan päivään.' Taas ihminen iloitsi saadessaan kymmenen vuotta lisää elinaikaa, joka oli nyt täydet sata vuotta. Saatuaan sadan vuoden elinkaaren ihminen tanssi iloissaan ja aloitti elämänsä maanpäällä.

Lapset, kolmeenkymmeneen ikävuoteen asti ihmisen elämä on kasvun ja kouluttautumisen aikaa, jolloin hän on vapaa huolista ja vastuusta, ja hän viettää huoletonta, helppoa elämää. Sitten hän menee naimisiin. Siitä eteenpäin hänen elämänsä on kuin härän elämää. Aivan kuten härkä vetää vankkureita, ihminen vetää perheensä raskasta kärryä. Näin jatkuu viiteenkymmeneen asti. Hän kantaa edelleen elämänsä ja perheensä raskasta vastuun taakkaa. Hänellä ei kuitenkaan enää ole samaa elinvoimaa kuin aikaisempina vuosina ja hän myös laiskistuu. Hänen elämänsä tässä vaiheessa on kuin aasin elämää, sillä nyt hän elää aasilta saamiaan vuosia.

Kun aasilta saadut vuodet ovat päättyneet, hän on aivan uuvuksissa ja menettänyt voimansa. Seuraavat viisitoista vuotta hän vain vahtii taloaan ja lapsenlapsiaan kuin koira. Suurin osa ajasta kuluu yksinään istuen tai maaten, täysin lastensa ja lastenlastensa hylkäämänä. Hän miettii vain menneisyyttä.

Viimeiset kymmenen vuotta, jotka on lainattu madolta, hän ryömii kuin maanmatonen. Hänen kehonsa ja aistinsa ovat heikentyneet. Hän pystyy ainoastaan makaamaan menneisyyttä murehtien. Lopulta hän lähtee tästä elämästä, totisesti, kuin mato. Sellaisen elämän kasvot ovat epätoivon, katumuksen ja surkeuden merkitsemät."

Kuunnellessaan tätä tarinaa seuraajat naureskelivat pohtiessaan sen totuudenmukaisuutta. Äiti hymyili ja sanoi: "Lapseni, eläkää elämänne niin kuin teitä ei olisi koskaan ollutkaan. Vain silloin elätte Totuudessa."

ॐ

3. luku

Sakshi-bhava – ulkopuolisen tarkkailijan tietoisuudentila

Brahmacharit sekä muutama länsimaalainen oppilas istuivat Äidin ympärillä ashramin pihalla. Eräs länsimaalaisista esitti kysymyksen, joka koski *sakshi-bhavaa* eli kokemusta, jossa ollaan silminnäkijänä tai sivustakatsojana kaikelle.

Kysymys: "Amma, toissapäivänä puhuit *sakshi-bhavaksi* kutsutusta tarkkailijan tietoisuudentilasta". Minua askarruttaa, onko kyseessä mielen toiminto vai tapahtuuko kokemus mielen tuolla puolen."

Äiti: "Se ei ole mielen toiminto. *Sakshi-bhavassa* oleva ihminen pysyy jatkuvasti tilassa, jossa hän ei takerru mihinkään, eikä mikään vaikuta häneen. Hän vain katselee kaikkea, mikä tapahtuu. Hänen mielensä ja ajatuksensa eivät puutu asioihin. Mieli, joka puuttuu jatkuvasti asioihin, ei kykene olemaan kaiken todistaja. Mieli koostuu ajatuksista. Mieli kykenee vain ajattelemaan ja epäilemään. Sen sijaan tuossa perimmäisessä tarkkailijantilassa oleva ihminen pysyttelee jatkuvasti omassa todellisessa olemuksessaan.

Sakshi-bhavassa sinusta tulee kaiken tarkkailija. Sinä vain katsot kaikkea. Siihen ei liity minkäänlaista kiintymistä tai (sisäistä) osallistumista asioihin. On vain tarkkailemisen tila. Katselet ulkopuolisena jopa omia ajatuksiasi. Tarkkaillessasi jatkuvasti omaa ajatusprosessiasi et ajattele – et tee mitään. Olet (sisäisesti) liikkumaton. Sinä vain katselet ja nautit, mikään ei liikauta sinua tai vaikuta sinuun. Kuinka mieli voisi olla tällaisessa tilassa? Mieli kykenee vain ajattelemaan, epäilemään ja takertumaan. Se ei pysty olemaan riippumaton tarkkailija.

Ajattelu liittyy mieleen, kun taas sivullisena todistajana oleminen on korkeamman Itsen ominaisuus. Sivullisena tarkkailijana ollessa pysytellään puhtaassa tietoisuudessa. Mieli ja sen ajatukset eivät ole todellisia. Ne ovat omia luomuksiamme. Vain tietoisuus on todellista. Ajattelu saattaa vaikuttaa sinusta luonnolliselta, mutta se ei ole luonnollista. Se ei kuulu todelliseen olemukseesi. Ajatuksesi ja egosi synnyttävät vain levottomuutta ja kiihtymystä. Ne eivät ole yhtä kuin sinä. Levottomuutesi ei lopu ennen kuin ne on eliminoitu.

Sakshi-bhavassa vain katsellaan täydellisessä tietoisuudessa, täysin tietoisena. Toisin kuin ollessasi samaistunut mieleesi ja ajatuksiisi et ole tietoinen – olet kaukana puhtaasta tietoisuudesta. Olet pimeydessä etkä kykene todella näkemään. Mieli näkee vain ulkoisen maailman, asioiden ulkokuoren. Se ei koskaan näe asioita niin kuin ne todella ovat, koska silloin et näe, vaan ajattelet. Ja kun ajattelet, et tavoita asioiden todellista olemusta.

Omaisuuden kerääminen ja mielihaluille periksi antaminen lisäävät ajatusten määrää, ja lukuisammat ajatukset vievät sinut pois todellisen olemassaolosi keskuksesta. Ollakseen tarkkailija on vakiinnuttava takertumattomuuden tilaan. Takertuva mieli ei kykene katselemaan asioita sivullisena, se voi vain kiintyä ajatuksiin ja kohteisiin. Sille on tärkeää vain 'minä' ja 'minun'. *Sakshi-bhavassa* ei ole kokemusta 'minä', 'minun'. Silloin mennään kaiken tuollaisen rajoittuneen, kapean ajattelun tuolle puolen."

Todellinen keskus on sisällä

"Kun sinusta tulee kaiken todistaja, et vaadi itsellesi enää mitään. Kaikki on sinulle suurta Jumalaa tai perimmäistä tietoisuutta. Kun olet vakiintunut tuohon tilaan, ei enää mikään voi vahingoittaa sinua tai vaikuttaa sinuun. Loittonet mielestäsi etkä enää samaistu kehoosi. Keho jatkaa olemassaoloaan, mutta se on sinulle kuin kuollut. Ulkoinen maailma tai se, mitä ihmiset sanovat, ei merkitse enää mitään. Sinä tiedät, että todellisuudessa et voi miellyttää ketään tai herättää kenessäkään vastenmielisyyttä. Toisinaan käyttäydyt kuin mielipuoli ja toisinaan vaikutat aivan tavalliselta ihmiseltä. Joskus näyttää siltä, kuin olisit kiintynyt johonkin ja seuraavana hetkenä oletkin kaiken kiintymyksentunteen tuolla puolen – täysin huoleton ja takertumaton. Saatat olla äärimmäisen rakastava ja myötätuntoinen ja sitten yhtäkkiä rakkaus näyttää puuttuvan sinusta täysin. Kaiken kaikkiaan sinussa on jotakin täysin ennustamatonta.

Saavutettuasi *sakshi-bhavan* tilan voit itse valita mielentilasi ja voit siirtyä eri tietoisuustasojen välillä miten haluat – korkeimmasta alimpaan ja päinvastoin. Mutta koko ajan olet vain sivustakatsoja. Kaikki muodostuu kauniiksi, ilahduttavaksi näytelmäksi – ihanaksi leikiksi. Ulkoisesti näytät siirtyvän mielentilasta toiseen, paikasta toiseen, tunnetilasta toiseen, mutta sisäisesti olet liikkumaton. Et koskaan poistu tuosta yhdestä keskuksesta, joka on Todellisuus. Todellinen keskuksemme löytyy sisältämme, ei ulkoisesta maailmasta.

Kun olet asettunut tuohon todelliseen keskukseen, et enää liiku. Olet vakiintunut sinne ikuisesti. Ja samalla voit liikkua rajoituksetta, äärettömästi, poistumatta lainkaan keskuksestasi. Sinusta tulee Jumala ja Jumala voi liikkua äärettömästi. Mitään rajoja ei ole.

Asetuttuasi olemassaolon keskukseen voit olla piittaamatta mistään, jos niin haluat. Tai jos haluat hymyillä kaikelle, voit vapaasti tehdä niin. Jos et halua syödä tai nukkua lainkaan, sinun ei tarvitse. Toisaalta voit syödä mitä haluat, ja jos haluat nukkua vuoden, on myös se mahdollista. Mutta sisäisesti olet hereillä – täysin hereillä. Vaikka näyttäisit nukkuvan, et itse asiassa nuku, ja vaikka näyttäisit olevan syömässä, et syö mitään. Voit valita, haluatko pysyä kehossasi vai jättää sen. Ja jätettyäsi kehosi voit astua siihen jälleen, milloin haluat. Jos et halua palata kehoon, voit jäädä sinne, missä olet. Voit valita kohdun, johon siirryt ja minkälaisen kehon haluat itsellesi. Kaikki on mahdollista.

Ihmiset sanovat, että sinä teet sitä tai tätä, mutta sinä itse tiedät, ettet tee mitään. Sinä vain katselet, seuraat sivusta.

Tarkkailijan perspektiiviin siirtyminen tapahtuu vasta, kun irrottaudut täysin mielestä ja ajattelusta. Silloin tulet täysin tietoiseksi kaikesta, jopa omasta ajatteluprosessistasi. Henkisen polun kulkija voi myös harjoitella tätä suhtautumistapanaan kaikkea kohtaan.

Ole täysin tietoinen

Kysymys: "Amma, mitä tarkoitat omasta ajatusprosessista tietoisena olemisella?"

Äiti: "Pystytkö havaitsemaan ajatuksen ilmaantumisen mieleesi? Kykenetkö näkemään, kuinka ajatus toimii ja kuolee pois? Kun näet ajatuksen kirkkaasti, tulee tuosta ajatuksesta voimaton. Samaistuminen ajatukseen antaa sille voimaa, ja sitten ajatus huipentuu toimintaan. Kun et samaistu ajatukseen, ajatus menettää voimansa. Siitä tulee heikko ja tehoton. Kun havaitset ajatuksen etkä samaistu siihen, katselet sitä ulkopuolisena. Pysyessäsi sivullisena olet täysin tietoinen. Sivusta seuraamiseen ei liity ajattelua, et siis samaistu mihinkään ajatukseen. Sivullisena tai ulkopuolisena ollessa on läsnä vain tietoisuus.

Saatat seurata kahden ihmisen keskinäistä tappelua. Seuratessasi heidän riitaansa sivusta et tule osalliseksi siitä, sinulla ei ole mitään tekemistä sen kanssa. Olet pelkästään tietoinen siitä, katselet sitä tietoisesti. Sivullisena todistajana ollessasi olet tietoinen. Olet täysin hereillä. Tietoisuutesi on tahraton ja kirkas, eikä näkemäsi kosketa sitä.

Entäpä tappelevat ihmiset? He ovat osallisina. He eivät kykene näkemään, koska he ovat syvässä unessa. Negatiivinen energia ja tunteet kuten suuttumus, viha ja kostonhalu pimentävät heidän mielensä ja se tekee heistä sokeita. Kielteisyyden vallitessa ei olla todella tietoisia ja siksi silloin ei voida olla sivullisia.

Mieli rakentuu negatiivisesta energiasta. Ajatuksesi ovat negatiivista energiaa ja menneisyytesi on negatiivista energiaa. Voidaksesi tulla sivustakatsojaksi sinun on todella herättävä ja tultava tietoiseksi kaikesta mitä tapahtuu, niin sisäisesti kuin ulkoisestikin. Tosin todellisuudessa ei ole olemassa sellaisia asioita kuin 'sisäinen' ja 'ulkoinen'. Tuossa perimmäisessä tilassa sinusta tulee kaiken keskus. Katselet kaikkia tapahtuvia muutoksia. Muutokset eivät voi vaikuttaa sinuun, koska nyt sinusta on tullut keskus, kaikessa vallitseva elämänvoima. Ulkopuolisen tarkkailijan tai sivustakatsojan tilassa tulet yhdeksi perimmäisen, kosmisen energian kanssa."

Kysymys: "Amma, sanot, että tuolloin meihin ei voi vaikuttaa mikään. Mutta se seikka, että jopa mahatmat näyttävät kärsivän fyysisistä sairauksista, on ristiriidassa tämän toteamuksen kanssa."

Äiti: "Poikani, olet oikeassa. On totta, että he näyttävät kärsivän sairauksista. Se on juuri niin. He eivät koskaan kärsi, mutta he *näyttävät* kärsivän. Sivustakatsojana seuraat sivusta jopa oman kehosi kuolemaa. Sinä vain katselet kehosi kärsimyksiä.

Kuuntele tämä tarina. Gangesin rannalla eli eräs pyhimys. Hän eli täydellisessä Jumaltietoisuuden tilassa. Hän toisti jatkuvasti mantraa 'Shivoham, Shivoham' (minä olen Shiva, minä olen Shiva). Vastapäisellä rannalla asuvat sanjaasit pystyivät kuulemaan, kuinka hän toisti mantraansa. Eräänä päivänä hänen istuessaan rantatörmällä ja toistaessaan mantraansa leijona laskeutui Himalajan metsistä ja lähestyi pyhimystä. Joen toisella puolella olevat sanjaasit katsoivat kauhuissaan, kun leijona tuli miestä kohti ja oli hyppäämässä hänen kimppuunsa. He huusivat: 'Varo! Leijona! Juokse pakoon tai hyppää veteen!' Kun pyhimys näki leijonan, hän ei pelännyt lainkaan. Hän hyväksyi sen, mitä oli juuri tapahtumassa, sillä hänen aikansa maan päällä oli tullut täyteen. Ja koska hän eli ykseyden tilassa kaiken luodun kanssa, hän ei voinut kokea mitään erillisyyttä itsensä ja leijonan välillä. Hän ja leijona olivat yksi, ja hän itse karjui leijonassa. Hän jäi istumaan paikalleen ja toisti edelleen tyynesti mantraansa. Sanjaasit katselivat, kuinka leijona hyökkäsi vanhan pyhimyksen kimppuun. Kun leijona tarttui häneen, hän jatkoi pelottomasti: 'Shivoham, Shivoham.' Eläin alkoi raadella hänen kehoaan. Mutta mikä ihme! Pyhimys jatkoi mantran toistamista: 'Shivoham, Shivoham.' Oli aivan kuin hän itse olisi tyydyttänyt leijonan kautta nälkänsä. Koko kuolemansa aikana pyhimys käyttäytyi kuin mitään ei olisi tapahtunut hänelle.

Ajatellaanpa keksejä, jotka on muotoiltu erilaisiksi eläimiksi. On tiikerikeksejä ja pupukeksejä. Pidätkö tiikerikeksiä tiikerinä, koska se on sen muotoinen? Kun näet tiikerikeksin ja kaniinikeksin yhdessä, luuletko kaniinilla olevan jotakin pelättävää tiikerin taholta? Pelkääkö kaniinikeksi, että tiikerikeksi tulee ja syö sen? Ei tietenkään, koska pohjimmiltaan niiden välillä ei ole mitään eroa. Eri muodot ovat peräisin samasta taikinasta, täsmälleen samoista aineksista. Tilanne on samanlainen silloin, kun tiedät todellisen olemuksesi olevan Atman. Sinusta tulee takertumaton sivustatarkkailija, joka katselee kaikkea täydellisen tietoisena, tietäen, että kaikki erilaiset muodot ja ilmiöt, elävät olennot ja elämäntilanteet ovat peräisin samasta aineksesta – Perimmäisestä Itsestä.

Mieli on menneisyytesi. Kuole menneisyydellesi ja sinusta tulee yhtäkkiä täysin tietoinen. Menneisyys on pelkkää rauniota. Hankkiudu siitä eroon ja opit katsomaan sivusta. Kun kuolet menneisyydellesi, ajatuksillesi ja muistoillesi, olet täysin tässä hetkessä. Kun olet todella tässä hetkessä, sinä yksinkertaisesti vain seuraat sivusta. Menneisyys voi olla olemassa vain niin kauan kuin esiintyy ajatuksia. Kun ajatukset on eliminoitu, menneisyys katoaa ja olet omassa Itsessäsi. Itse ei tee muuta kuin tarkkailee sivusta. Itse ei ole persoona, se on puhdas tietoisuus. Se on täysin erillään kaikista ilmiöistä. Se on oman olemassaolosi ydin.

Lapset, tällä hetkellä vietätte tiedotonta elämää. Ehkä ihmettelette: 'Kuinka ihmeessä voin olla tiedoton? Minä kävelen, syön, hengitän ja silti Äiti sanoo, että elän tiedottomana. Totta kai olen tietoinen! Miten muuten tämä kaikki voisi tapahtua sisälläni ja ympärilläni?' Voit esittää sata erilaista perustelua sille, että olet tietoinen, mutta tosiasia on, ettet ole.

Poikani, saatat sanoa olevasi täysin hereillä, koska kävelet, syöt, hengität ja näet. Kyllä, saatat todella tehdä näitä asioita, mutta poikani, kuinka monta kertaa päivässä olet todella tietoinen käsistäsi ja jaloistasi, suustasi, kielestäsi ja hengityksestäsi? Edes syödessäsi et ole tietoinen kädestäsi, joka laittaa ruokaa suuhun tai kielestä suussasi. Kävellessäsi et ole tietoinen jaloistasi. Entä hengitätkö tietoisesti? Kun katsot ympärillesi ja teet havaintoja, oletko tietoinen omista silmistäsi? Et, et lainkaan. Teet kaikkea tuota, mutta et tee sitä tietoisena. Vietät tiedotonta elämää ja silti väität kivenkovaan eläväsi tietoista elämää. Herää ja ole tietoinen."

Äiti lopetti puhumisen ja alkoi meditoida. Jonkin ajan kuluttua hän avasi silmänsä ja pyysi *brahmachari* Balua laulamaan *kirtanin*. Balu lauloi laulun

Nirkkumilapol Nimishamatram

Koko luomakunta astuu esiin ja
häviää hetkessä, kuin kupla.
Et voi ymmärtää tätä ilmiötä
ellei mieli katoa.

Mieli häipyy vasta, kun oivallat, että
mieli on illuusiota.
Et voi käsittää omaa mieltäsi,
se on suljettu pimeyteen.

Mieli ei voi ymmärtää mieltä, sillä
se kätkee oman luontonsa.
Mutta mieli julistaa, että
se tietää.

Tulet ymmärtämään, että
mieli ei tiedä mitään.
Pitämällä mielesi vakaana ja tyynenä
ja harjoittamalla tapasia
tulet tietämään.

Jos olet todella ymmärtänyt,
tulet tietämään, että
mieltä ei ole olemassa,

mieli on ei-mieli, ja
koska mieltä ei ole,
kaikki loistaa Atmanina,
puhtaana Itsenä.

Sivustakatsomisen voima on sisällämme

Laulun loputtua Äiti jatkoi samasta aiheesta. "Ulkopuolisen tarkkailijan tila oikeastaan toteutuu jokapäiväisessä elämässämme. Siitä on vain oltava tietoinen. Kun tulet siitä tietoiseksi, kun pääset maistamaan sitä, sen iloa ja autuutta, alat olla oikeilla jäljillä.

Oletetaan, että mies ja vaimo riitelevät. He syyttelevät ja loukkaavat toisiaan käyttäen pahimpia keksimiään ilmaisuja. Heidän naapurinsa kuulevat riidan ja tulevat paikalle katsomaan, mitä oikein tapahtuu. He tekevät kaikkensa tyynnyttääkseen riidan ja rauhoittaakseen riitelevät osapuolet. Mutta pari jatkaa raivoamista. Naapurit puhuvat heille järkeä ja yrittävät neuvoa heitä parhaansa mukaan. Naapurit ovat hyvin tyyniä ja hallitsevat itsensä hyvin yrittäessään hoitaa tätä vaikeata tilannetta. He näkevät, mistä asia kiikastaa ja siksi pystyvät käsittelemään sitä. Lopulta he onnistuvat tyynnyttämään riidan.

Kuinka he pystyivät pysymään niin tyyninä ja rauhallisina? Koska he seurasivat tapahtumia sivusta eivätkä olleet osallisina. Heidän mielensä eivät olleet samanlaisessa pimennossa eivätkä myrskyisiä kuten riitelevän parin. He olivat paljon tyynempiä, siksi he pystyivät toimimaan hyvinä neuvonantajina.

Riitelijät sen sijaan joutuivat rauhattoman mielensä ja vapauttamansa negatiivisen energian uhriksi. He olivat kuohuksissa ja joutuneet täydelliseen pimeyteen niin sisäisesti kuin ulkoisesti. He olivat täysin sokeita. He eivät kyenneet seuraamaan tilannetta sivusta, koska he olivat niin samaistuneita kielteisessä tilassa olevaan mieleensä. Kun taas toinen pari oli sillä hetkellä rauhassa ja kykeni siksi näkemään tilanteen selvemmin. Koska heissä oli sillä hetkellä jonkin verran valoa eli he eivät olleet joutuneet tilanteen pauloihin, he saattoivat riitelijöitä paremmin seistä taka-alalla ja vain todistaa tapahtumia. He eivät olleet täysin sokeita. Häiriintyneiden ajatusten verho ei ollut heissä yhtä vahva kuin riitaisassa parissa. Mutta jos he itse riitelisivät, tilanne olisi päinvastainen. Silloin tämä nyt riitelevä pari voisi pysytellä taka-alalla, seurata tapahtumaa ja puolestaan antaa neuvoja. Tämä esimerkki kertoo, että sivustakatsomisen voima on meissä jokaisessa sisällä. Näemme myös, että ulkopuolisena tarkkailijana on mahdollista pysytellä vain, jos mieli on tyyni ja hiljaa, jos et takerru.

Jos tämä tarkkailemisen kyky voi aina silloin tällöin ilmetä elämässämme, meidän tulisi kyetä kokemaan se jatkuvasti, missä tahansa tilanteessa. Voimme päästä tähän, koska se on todellisuudessa meidän todellinen luontomme.

Äskeisessä esimerkissä mieli on yhä olemassa. Se on hidastunut hetkeksi, mutta kiihtymys on vain väliaikaisesti poissa. Ulkopuolisena tarkkailijana pysyminen on hyvin vaikeaa, kun elämässämme tapahtuu vaikeita asioita.

Kaikkialla maailmassa on psykiatreja, terapeutteja ja parantajia, jotka koettavat parantaa ihmisten psyykkisiä ja fyysisiä ongelmia. He saattavat olla oman alansa asiantuntijoita, mutta he ovat työtä tekeviä ammatti-ihmisiä, jotka ovat kiintyneitä työhönsä ja moniin muihin asioihin. Ulkopuolisena oleminen ei onnistu kiintyneeltä ihmiseltä. Henkilö, joka on kiintynyt moniin asioihin, ei voi auttaa muita kunnolla. Vain sivustaseuraamisen taidon hallitseva henkilö, joka on asettunut Itseen, todelliseen keskukseen, voi todella auttaa muita. Asiantuntijat analysoivat potilaidensa vaivoja, jotka kumpuavat heidän menneisyydestään, ja sitten he ehdottavat hoitokeinoksi jotakin menetelmää, jolla potilaan masennus tai ahdistus voidaan hoitaa. Kaikki on hyvin niin kauan kuin terapeutin neuvoja tarvitsee joku muu kuin hän itse. Terapeutti voi auttaa muita tiettyyn rajaan saakka. Mutta entä jos jotakin sattuu hänelle itselleen? Silloin kaikki romahtaa. Hän ei kykene soveltamaan itseensä niitä samoja menetelmiä, joita hän on määrännyt kaikille potilailleen. Kun hänen omassa elämässään menee jotakin pieleen, hän ei pysty enää auttamaan ihmisiä tehokkaasti. Hänestä tulee hyödytön. Miksi? Koska niin kauan kuin joku muu tarvitsee hänen apuaan, terapeutti voi jossain määrin seisoa sivussa ja tehdä havaintoja. Hänen mielensä on suhteellisen pilvetön, ja hän vain katselee asiakkaan ongelmaa. Terapeutti ei ole osallinen, ja siksi hän pystyy ehdottamaan joitakin toimivia menetelmiä. Mutta kun sama ongelma sattuu hänen omalle kohdalleen, hänen mielensä kaikki kielteiset taipumukset astuvat esiin. Hän ei voi toimia enää sivullisena todistajana, koska hän itse on korviaan myöten kiinni asiassa ja täysin samaistuneena ongelmaansa.

Mitä hyötyä on menetelmistä, jos emme voi soveltaa niitä omaan elämäämme? Jollemme harjoita niitä itse, kuinka niiden voidaan olettaa olevan tehokkaita muiden kohdalla?

Lapset, *sakshi-bhavan* tilaan vakiintuminen on elämän todellinen tarkoitus. Tuo sivustakatsomisen perimmäinen tila on napa, jonka ympäri koko elämä ja maailmankaikkeus pyörivät. Voit työskennellä, käyttää mieltäsi ja älyäsi, voit asua omassa talossasi perheesi kanssa, sinulla voi olla vastuu perheestäsi, ja sinulla voi olla velvoitteita yhteiskuntaa kohtaan, mutta kun olet asettunut *sakshi-bhavan* tilaan, todelliseen keskukseesi, voit tehdä mitä tahansa liikkumatta hitustakaan tuosta keskuksesta.

Sakshi-bhavan tilassa oleminen ei tarkoita, että laiskottelisit ja jättäisit velvollisuutesi hoitamatta. Saatat olla huolestunut lastesi opinnoista, vanhempiesi terveydestä ja vaimostasi ja niin edelleen. Kuitenkin kaikkien näiden ulkoisten ongelmien keskellä sinä pysyt *sakshina,* sivullisena todistajana, seuraten kaikkea mitä tapahtuu ja mitä itse teet. Sisäisesti olet täysin liikkumaton ja häiriintymätön.

Näyttelijä, joka näyttelee elokuvassa roistoa, saattaa ampua vihollisiaan, suuttua, olla julma ja kavala. Mutta suuttuuko hän todellisuudessa tai onko hän julma? Tekeekö hän todella nuo teot? Ei. Hän pysyy ulkopuolisena siitä, mitä tekee. Hän seisoo sivussa ja katselee joutumatta osalliseksi tekoihinsa tai niiden liikuttamaksi. Hän ei ole samaistunut kehonsa ulkoisiin ilmaisuihin. Samalla tavoin *sakshi-bhavaan* vakiintunut ihminen on sisäisesti koskematon ja rauhallinen kaikissa oloissa."

Kysymys: "Amma, sanot että *sakshi-bhavan* perimmäiseen tilaan vakiintunut ihminen on tyyni ja hermostumaton kaikissa tilanteissa, niin myönteisissä kuin kielteisissäkin tilanteissa. Mutta sanot myös, että ulkoisesti hän voi käyttäytyä kuin tavallinen ihminen. Tämä kuulostaa ristiriitaiselta!"

Äiti: " *Sakshi* (sivustakatsojan tilaan vakiintunut henkilö) voi valita. Hän voi halutessaan ilmentää tunteita, tai hän voi pysyä koskemattomana. Mutta vaikka hän ulkoisesti osoittaisikin tavallisia inhimillisiä tunteita, hänessä on jotakin tavattoman hurmaavaa ja kaunista. Hän on luonnollisen karismaattinen. Vaikka hän ilmentäisikin erilaisia tunteita, hän voi milloin tahansa kytkeä tunteen pois päältä. Jos hän päättää pysyä rauhallisena, hiljaa ja koskemattomana, hän voi helposti tehdä niin. Jos hän taas haluaa osoittaa mitä tahansa tunnetta, kuten rakkautta ja myötätuntoa, jopa aivan äärimmäisessä määrin, koko olemuksellaan, sekin on mahdollista."

Äiti selvitti asiaa edelleen: "Kun olet saavuttanut oivalluksen tilan ja haluat antaa ulkoisesti sellaisen vaikutelman, kuin jokin henkilö, kokemus tai tapahtuma vaikuttaisi sinuun, annat sen tapahtua. Muista, että sinä itse päätät, annatko jonkin asian tapahtua vai et, koska mielesi, joka on täysin sinun hallinnassasi, ei vastaanota tai torju mitään eikä reagoi mihinkään ilman sinun lupaasi. Jos haluat pysyä tyynenä ja koskemattomana *sakshina,* voit tehdä niin. Mutta jos haluat näyttää esimerkkiä luopumisesta, uhrautumisesta ja epäitsekkäästä rakkaudesta, sinä vain yksinkertaisesti elät todeksi noita ihanteita. Sinun täytyy ehkä läpikäydä äärimmäisyyksiin menevää surua ja kärsimystä, paljon enemmän kuin kukaan tavallinen ihminen joutuu kohtaamaan. Mutta tämäkään ei vaikuta sinuun sisäisesti.

Oletetaan, että haluat ilmaista jollekin syvää sympatiaa ja surua hänen puolestaan. Tiedät, että jos teet niin, saat aikaan suuren muutoksen tuon ihmisen elämässä, joten ilmaiset surusi. Silti olet vain sivustakatsojana tuolle ilmaukselle. Näyttäessäsi tuolle

31

henkilölle, kuinka suret, hän tuntee kiitollisuutta siitä, että jaat tuollaisia tunteita hänen kanssaan. Syvä rakkautesi ja huolenpitosi vaikuttavat häneen voimakkaasti, koska ilmaistessasi jonkin tunteen, teet tuolle tunteelle täyttä oikeutta, ilmaiset sen täydesti ja täydellisesti. Et milloinkaan ilmaise mitään puolinaisesti, vaan koko olemuksesi on mukana siinä. Voit ilmaista minkä tahansa tunteen tällä tavoin milloin hyvänsä, oli se myönteinen tai kielteinen. Muut ihmiset tuntevat sen syvästi, se koskettaa heidän sydäntään. Sillä on erehtymätön vaikutus kohteena olevaan ihmiseen. Mutta *mahatma* seuraa vain sivusta tuota tunnetta tai mielentilaa, jota hänen ulkoinen muotonsa ilmaisee.

Mahatma voi halutessaan ilmentää vihaa, levottomuutta, pelkoa tai innostusta. Mutta tämä on vain ulkoista kuorta, koska hänen mielensä on aina tyyni ja hiljainen. Hänelle nämä ovat kuin hän käyttäisi erilaisia naamareita. *Mahatma* ottaa käyttöönsä vihan, onnen, surun ja pelon naamiot, mutta hän tekee aina niin jotain tiettyä tarkoitusta varten. Kun tuo tarkoitus on täytetty, hän poistaa naamion. Hän ei koskaan samaistu siihen, vaan hän tietää, ettei hän ole naamio.

Ongelmamme on, että samaistumme kaikkiin mielentiloihimme. Kun olemme vihaisia, meistä *tulee* viha. Näin on myös pelon, innostuksen, levottomuuden, surun ja onnen kanssa. Tulemme yhdeksi kulloisenkin tunnetilamme kanssa, oli se myönteinen tai kielteinen. Samaistumme naamioon.

Ollessasi kielteisellä päällä saatat tuntea olosi vihaiseksi, ja ollessasi rentoutunut saatat tuntea rauhaa ja rakkautta muita kohtaan. Todellisuudessa sinä et ole yksikään näistä mielialoista. Otetaanpa esimerkki. Sinulla on koti ja perhe, ja omistat upean koiran ja kissan. Joku tulee ja kysyy sinulta: 'Kenen talo tämä on?' Mitä vastaat? Sanot: 'Tämä on minun taloni.' Ja samaa sanot autostasi, perheestäsi, kissastasi ja koirastasi. Ne ovat kaikki sinun. Kuitenkaan se, mikä on sinun, ei ole sinä. Ne ovat erillisiä sinusta. Talo kuuluu sinulle, mutta sinä et ole talo. Kehosi on sinun, mutta keho ei ole sinä. Samoin on mielesi, ajatuksesi, tunteittesi ja älysi kanssa. Ne ovat sinun mutta ne eivät ole sinä. Sinä olet näkijä, joka näkee silmillä, havaitsija, joka tuntee tunteet, olet ajatusten takana oleva ajattelija; sinä olet se, joka tuntee, ajattelee, näkee, kuulee ja maistaa. Sinä olet kokija, subjekti. Kun sinusta tulee subjekti kaiken takana, kaikki eroavaisuudet putoavat pois ja menet kaiken tuolle puolen.

Koska et tiedä, että olet koko maailmankaikkeuden takana oleva mahti, koska et ole oivaltanut olevasi sen elämänvoima - kaikki energia, mitä on – samaistut mieleesi ja sen erilaisiin ajatuksiin ja tunteisiin, ja sanot: 'Minä olen sitä ja sitä – olen vihainen, janoinen, nälkäinen jne.' Samaistut ulkoiseen, et sisäiseen. Sitten kun olet samaistunut sisäiseen, lakkaavat ulkoinen ja sisäinen olemasta, sillä olet ylittänyt molemmat.

Krishna oli koko maanpäällisen elämänsä ajan, syntymästä kuolemaan, puhdas sivustaseuraaja kaikelle, mitä hänen elämässään ja ympärillään tapahtui. Hymy ei koskaan kaikonnut hänen kasvoiltaan, oli hän sitten taistelukentällä tai keskellä mitä tahansa muuta elämän haasteellista tilannetta. Hän pysyi täysin tyynenä tuo lumoava hymy kasvoillaan. Jopa silloin, kun Dwaraka, hänen asuinpaikkansa, jäi meren alle, tai kun metsästäjän ampuma nuoli lävisti hänen kehonsa päättäen hänen fyysisen elämänsä, hän hymyili edelleen hyväntahtoista hymyään, sillä hän pysytteli aina *sakshi-bhavan* tilassa. Hän todisti jatkuvasti kaikkea, mitä hänen elämässään tapahtui. Hän ei koskaan samaistunut ulkoiseen. Hän pysytteli jatkuvasti perimmäisenä Itsenä."

Äiti lakkasi puhumasta ja oli yhtäkkiä toisessa maailmassa. Silloin tällöin hän purskahti autuaalliseen nauruun. Jonkin ajan kuluttua hänen oikea kätensä alkoi tehdä ympyrää ilmassa. Hän avasi silmänsä ja pyysi *brahmachareja* laulamaan. He lauloivat laulun

Parisuddha Snehattin

Sinun nimesi on Puhtaan Rakkauden nimi.
Sinä olet heijastuma Ikuisesta Totuudesta.
Sinä olet viilentävä rauhan virtaus,
joka tuo lohtua sydämeeni.

Olet runsaskätisen antelias
niitä kohtaan, jotka tulevat luoksesi
maallisten mielihalujensa tähden
täyttäen heidän toiveensa.

Vuodatat Tiedon Nektarin
niille, jotka antautuvat
jalkojesi juureen.
Olet rauhan ja rakkauden tyyssija
valaisten sielun.

Levität maailmaan
Veljeyden viestiä ja laulat
Ikuisen Vapauden laulua.

Olet innoituksemme lähde
ja johdat meidät
kestävän vapauden valtakuntaan.
Olet sytyttänyt Rakkauden lyhdyn
ja opastat meitä jatkuvasti kohti
tietoa Ikuisesta Totuudesta.

Lasken lootus-jalkojesi juureen kukan
sydämeni sisimmästä kammiosta ja rukoilen,
että antaisit minulle
jakautumattoman antaumuksen
ja vakaan joogan lahjat,
niin että voisin saavuttaa
Itsen autuuden.

Äiti, sarvasakshi – kaiken todistaja

Äiti on elävä esimerkki henkilöstä, joka on vakiintunut *sakshi-bhavan* perimmäiseen tilaan. Nähdäkseen, että hän on pysyvästi asettunut tuohon tilaan, tarvitsee vain seurata hänen elämäänsä läheltä. Hänen koko elämänsä on kuin näyte tästä. Lapsuudessaan, aivan pienestä pitäen, hänen täytyi läpikäydä ankaria koettelemuksia. Vaatimuksia tuli kaikkialta. Koska hän eli täysin tietämättömien ihmisten keskellä, hänen oli oltava valtavan kärsivällinen ja takertumaton voidakseen tehdä kaiken sen mitä hän teki. Hän oli luja ja vakaa kuin vuori kaikkien vaikeuksien keskellä, jotka hänen täytyi kohdata. *Bhagavad-Gitassa* sanotaan:

«Brahmania, tai Atmania, ei voida rikkoa, polttaa, kastella eikä kuivattaa. Se on ikuinen, kaikkialla läsnä, vakaa, liikkumaton ja muuttumaton.»

Bhagavad-Gita, Luku 2, Jae 24

Mikään tai kukaan ei pystynyt vaikuttamaan Äitiin. Hän ei milloinkaan jäänyt suremaan menneitä. Hän ei myöskään koskaan ollut huolissaan tulevaisuudesta. Hän osasi kohdata elämän kaikki vaikeat tilanteet tyynesti ja rohkeasti hymyillen. Hän oli valmis toivottamaan tervetulleeksi minkälaisen tapahtuman tahansa. Tavallinen ihminen olisi murtunut ja menettänyt kaiken itseluottamuksensa ja rohkeutensa siinä loppumattomassa kärsimyksessä, jonka Äiti joutui kokemaan.

Näistä kaikista vaikeuksista ja epäsuotuisista olosuhteista huolimatta hän kuitenkin pystyi luomaan ja kasvattamaan suuren henkisen järjestön. Kaiken tämän hän teki aivan yksin, vailla minkäänlaista tukea edes omalta perheeltään.

Hän syntyi tyttönä köyhään kalastajakylään. Hän ei saanut minkäänlaista koulutusta, eikä hänellä ollut käytettävissään rahaa. Mutta mitä hän onkaan saavuttanut! Mikä voi selittää tämän?

Joku kysyi Ammalta hiljattain: "Mitä ajattelet siitä valtavasta muutoksesta, jonka ashramisi ja järjestösi on läpikäynyt? Oli aika, jolloin ihmiset yrittivät saattaa sinut huonoon valoon ja yrittivät hankaloittaa elämääsi kaikin tavoin. Mutta nyt sinut tunnustetaan ja sinua palvotaan kaikkialla maailmassa. Mitä ajattelet tästä?"

Äiti vastasi hymyillen: "Ammalle tilanteissa ei ole mitään eroa. Amma on aina sama. Silloin, kun oli niin kutsuttujen vaikeuksien aika, elin omassa Itsessäni, ja nyt, maineen ja kuuluisuuden aikana, elän yhä omassa Itsessäni."

Niin, Äiti on aina sama, eikä hän horju rakkaudessaan ja myötätunnossaan. Vaikka hänelle ei olemassa eroavuuksia, hän voi silti olla leikkisä ja lapsenomainen aina halutessaan. Hän pystyy irtautumaan tästä maailmasta ja asettumaan omalle tietoisuustasolleen milloin tahansa. Hän kykenee pysyttelemään täysin koskemattomana ja olemaan nukkumatta ja syömättä niin pitkään kuin haluaa. Maailmalla ei ole häneen mitään vaikutusta.

Tietämättömät kyläläiset uhkasivat useaan otteeseen tappaa hänet. He solvasivat häntä ja levittivät hänestä perättömiä huhuja. Hänen oma isoveljensä Subhagan ja eräs hänen serkuistaan halusivat surmata hänet ja erään kerran he jopa yrittivät puukottaa häntä. Silloinkin hän saattoi hymyillä heille ja sanoa: "En pelkää kuolemaa. Voitte tappaa tämän kehon, mutta Itse on kuolematon, tuhoutumaton. Ette pysty tappamaan Itseä." Tämän sanottuaan hän istui tyynesti ja hiljaa alas. Mutta he olivat voimattomia, he eivät pystyneet tekemään hänelle mitään. Tämä on Itsen (Atmanin) voima. Ja tällainen on mahdollista vain sellaiselle, joka on asettunut *sakshi-bhavan* tilaan ja katselee kaikkea perimmäisestä sivustaseuraajan tilasta käsin.

Itsen ääretön voima

Äiti sanoi kerran: "Kun olet vakiintunut ei-mielen tilaan, kukaan ei voi tehdä sinulle mitään, ellet itse tietoisesti salli sitä. Voit antaa jonkin asian tapahtua tai estää sitä tapahtumasta. Kummassakin tapauksessa sinä katselet sivusta – täydellisen koskemattomana ja häiriintymättömänä. Olet ikuisesti asettunut perimmäiseen takertumattomuuden tilaan. Oletetaan, että joku haluaa vahingoittaa sinua tai jopa tappaa sinut. He eivät voi nostaa sormeakaan sinua vastaan, ellet salli sitä. Ilman sinun *sankalpaasi* mikään, mitä he tekevät, ei voi vaikuttaa sinuun. Jollain mystisellä tavalla he epäonnistuvat aina. Lopulta he saattavat päätyä ajattelemaan, että jokin jumalallinen voima suojaa sinua. Mutta tuo voima on Itsen ääretön voima. Se ei ole mikään ulkopuolelta tuleva voima. Tämän voiman lähde on sisälläsi. Sinä tulet tuoksi äärettömäksi voimaksi. Ollessasi egoton sinä olet kaikki. Koko maailmankaikkeus kulkee valaistuneen olennon kanssa. Jopa puut, eläimet, vuoret ja joet, Aurinko, Kuu ja tähdet ovat Itsen oivaltaneen sielun puolella, koska tuossa tilassa ei ole egoa. Kun kumarrat äärimmäisen nöyränä kaiken olevaisen edessä, maailmankaikkeus kumartaa sinulle ja palvelee sinua. Mutta muista, että voit antaa kaikkeudelle myös komennon kääntyä sinua vastaan. Sekään ei vaikuta sinuun lainkaan.

Kun mieltä ja egoa ei ole, olet yhtä kaikkeuden kokonaisuuden kanssa, ja maailmankaikkeus kaikkine olentoineen ovat ystäviäsi. Yksikään luotu ei pidä sinua vihollisena. Jopa vihollinen olisi ystäväsi, yhtä sinun kanssasi, sillä vihollisesikin on oma Itsesi, vaikkei hän olisikaan tietoinen tästä totuudesta. Jos olet sisäisesti yhtä vihollisesi kanssa, niin kuinka hän tarkasti ottaen voisi olla vihollisesi? Miten kukaan tai mikään, elollinen tai eloton, joka todellisuudessa on sinun sisälläsi osana sinun Itseäsi, voisi vahingoittaa sinua millään tavoin? Se ei ole mahdollista. Kun olet luopunut egostasi, sinulle ei voi tapahtua mitään, mitä et itse halua tapahtuvan.

Mewarin *Rana* (kuningas) halusi tappaa Mira Bain (keskiajalla Rajasthanissa elänyt prinsessa, josta tuli suuri pyhimys). Hän lähetti tälle kupillisen myrkkyä sanoen, että se oli aivan erikoinen hänelle valmistettu juoma. Mukana oli suloinen ja kauniisti muotoiltu kirje, jossa hän pyysi anteeksi kaikkea osoittamaansa julmuutta.

Vaikka Mira tiesi, että astiassa oli myrkkyä, hän otti kuitenkin lahjan vastaan ja joi sen. Mutta mitään ei tapahtunut. Rana yritti surmata hänet monella muullakin tavalla, mutta turhaan. Mira taas oli koko ajan onnellinen eivätkä tapahtumat vaivanneet häntä lainkaan. Kuinka se on mahdollista? Koska hänellä ei ollut egoa. Hän oli mielen tuolla puolen.

Mitä Mira Baihin tulee, kaikki oli hänelle hänen 'Giridharinsa', hänen rakas Krishnansa. Hänellä ei ollut mielihaluja, hän ei halunnut mitään itselleen. Edes sillä ei ollut väliä, rakastiko Krishna häntä vai ei. Hän halusi vain saada rakastaa Krishnaa, eikä hän vaatinut mitään itselleen. Mira Baille kaikki oli Krishna. 'Oi Jumalani! Sinä, ja vain Sinä!' Hänelle ei ollut olemassa mitään 'minää' eikä tunnetta siitä, että hän tekisi mitään itse. Hänen Jumalansa, Krishna, teki kaiken hänelle, oli se sitten hyvää tai pahaa. Hän ei milloinkaan valittanut mistään. Hän yksinkertaisesti hyväksyi kaiken, hän piti kaikkea osakseen tulevaa Krishnan *prasadina*. Antautumalla Krishnalle Mira Bai antautui kaikelle olevaiselle. Miralle Krishna ei ollut pelkkä rajallinen henkilö, jonka saattoi havaita vain tuossa yhdessä hahmossa. Hänelle koko maailmankaikkeus oli Krishna. Hän oli tullut yhdeksi koko luomakunnan kanssa. Hän oli tullut yhdeksi Krishnan energian kanssa. Hän ei ollut tietoinen omasta kehostaan. Ja kun sinulla ei ole kehoa, kuinka sinut voidaan tappaa? Luomakunta on sinun puolellasi, puolustaen sinua. Miten mikään myrkky voisi silloin vaikuttaa sinuun? Miten yksikään osa luomakuntaa voisi vahingoittaa sinua millään tavoin? Se voi koskettaa sinua vain sinun suostumuksellasi, vain jos sanot 'kyllä'. Jos sanot 'ei', se kääntyy ympäri ja poistuu. Kun saavutat tuon korkeimman tilan, mitään ei voi tapahtua sinulle sen jälkeen vaikka kehoasi kidutettaisiin tai se tuhottaisiin, sillä sinä et ole keho – olet Itse.

Koko maailmankaikkeus on kehosi. Jokainen luomakunnan osa on osa sinun kaikkeudellista kehoasi. Kun kaikki on yhtä, miten osa voisi mitenkään vahingoittaa kokonaisuutta? Miten käsi voisi tietoisesti vahingoittaa silmää? Ne saattavat vaikuttaa erilaisilta ja niillä voi olla erilaiset toiminnot, mutta ne ovat yhtä koko kehon kanssa.

Kun oivallat ykseytesi Itsen kanssa, koko luomakunnasta tulee uskollinen palvelijasi. Sinä olet mestari, ja kaikki materia ja energia odottaa komentojasi. Kun koko luonto tukee sinua täysin, miten mikään voisi kääntyä sinua vastaan ellet itse todella halua niin? Luonto tekee juuri niin kuin sinä käsket. Jos sanot: 'Ei, älä tee niin', mitään ei voi tapahtua. Kun mielesi on oikeassa tilassa, mikään ei voi vahingoittaa sinua. Itseoivallus on olemassaolon täydellinen tila." Tämä muistuttaa meitä eräästä tapauksesta Äidin omassa elämässä. Äiti pani kerran kätensä raivotautisen koiran suuhun. Tuo koira oli ollut Äidin seuralainen hänen aiemmissa vaiheissaan, hänen asuessaan taivasalla. Äiti rakasti koiraa hyvin paljon, ja kun hän näki sen olevan puuhun sidottuna, hän meni koiran luo ja osoitti sille rakkautensa syleilemällä sitä ja suutelemalla sitä kasvoille. Hän yritti syöttää koiraa, ja niin tehdessään hän pani kätensä sen suuhun. Paikalla olleet olivat kauhuissaan, koska Äidin käsi oli yltympäriinsä koiran kuolassa, josta taudin saa erittäin herkästi. Kaikki olivat äärimmäisen huolestuneita ja yrittivät suostutella, että Äiti menisi lääkäriin ja ottaisi rokotuksen vesikauhua vastaan. Mutta Äiti vain hymyili ja vastasi: "Mitään ei tapahdu. Älkää olko huolissanne." Ja mitään ei tietenkään tapahtunut.

Äiti sanoo: "Saavutettuasi oivalluksen sinusta tulee kosminen mieli. Kaikki mielet ovat sinun. Sinusta tulee kaikkien mielien hallitsija, ei vain ihmismielien, vaan koko kosmisen mielen. Silloin pidät jokaisen yksilöllisen mielen ohjaksia kädessäsi. Sinusta on tullut kaikki. Heidän kehonsa saattavat olla erilaisia, mutta sinä olet jokaisen kehon sisällä. Sinun vastustajasi ei ole mitään muuta kuin sinä itse, vain erilaisessa käärepaperissa. Tilanne on sama kuin karamellien kohdalla, jotka ovat samanmakuisia, mutta ne on kääritty erilaisiin ja erivärisiin papereihin, siniseen, vihreään, punaiseen ja keltaiseen. Karamellit saattavat ajatella, 'minä olen sininen', 'minä olen vihreä' ja niin edelleen. Mutta mitä löytyy sisältä? Samoja makeisia, saman makuisia, samoista aineksista tehtyjä."

Kerran Äiti sanoi: " Kaikki ajatuksenne ja tekonne kulkevat Amman läpi."

Tutkimattomat ovat *mahatman* tiet. Me pystymme havaitsemaan vain sen, mitä näemme ulkopinnalla. *Mahatma* pysyy meille täydellisenä mysteerinä, tuntemattomana ilmiönä, joka on ymmärrettävissä vasta, kun opimme tuntemaan oman Itsemme. Oivallamme omat rajoituksemme *mahatman* seurassa, jonka äärettömät ulottuvuudet ja rajaton rakkaus ja myötätunto auttavat meitä tuntemaan nöyryyttä. Vasta silloin tulemme tietoiseksi mitättömyydestämme. Vain nöyryys ja tunne siitä, ettemme ole mitään, auttaa meitä pääsemään täydellisen täyttymyksen tilaan, tilaan, jossa koemme: "Minä olen kaikki."

ॐ

4. luku

Ashramissa rakennettiin *brahmachareille* uusia majoja, ja ilta-*bhajaneiden* jälkeen Äiti halusi kaikkien menevän hakemaan rannalta hiekkaa majojen pohjamaaksi. Kaikki lähtivät heti rannalle korien ja lapioiden kanssa. Äiti johti matkaa ja pian ryhmä oli perillä. Yö oli pimeä ja kylmä. Meri aaltoili. Yön täytti jättiläismäisten aaltojen syvä ja värähtelevä pauhu, joka syntyi aaltojen noustessa merestä ja murskautuessa rantaa vasten. Mahtavan öisen valtameren näkeminen herätti kunnioitusta ja loi suurta sisäistä rauhaa. Se synnytti myös avoimuuden tuntua ja syvää tietoisuudentunnetta kaikissa paikalla olijoissa.

Hiekka-*seva* alkoi. Kaikki työskentelivät suurella innolla. Myös Äiti osallistui aktiivisesti. Välillä hän lapioi säkkeihin hiekkaa, ja välillä kantoi hiekkasäkkejä olkapäillään koko matkan *ashramiin* saakka. Vaikka asukkaat yrittivät saada hänet luopumaan työnteosta, hän ei taipunut heidän vetoomuksiinsa. *Seva* jatkui noin kaksi tuntia. Kello oli yksitoista. Äiti istuutui rannalle asukkaiden ja muutaman muun seuraajan kanssa.

Äiti jakoi työntekijöille suolattuja banaanilastuja ja mustaa kahvia. Yksi kerrallaan kukin meni hakemaan osuuttaan. Äiti sanoi eräälle jonossa seisovalle *brahmacharille*: "Ei, sinä et tehnyt työtä, joten et saa *prasadia*. Se on vain niitä varten, jotka ovat työskennelleet uutterasti viimeiset kaksi tuntia."

Kun kyseinen *brahmachari* lähti jonosta sanomatta sanaakaan, Äidin rakkaus tulvi yli äyräiden ja hän kutsui tämän takaisin sanoen: "Ei se mitään, poikani. Älä ole surullinen. Riittää, kun kannat yhden hiekkasäkin *ashramiin*. Saat *prasadin*, kun tulet takaisin."

Brahmachari teki työtä käskettyä. Hänen ollessaan kantamassa säkkiä ashramiin Äiti sanoi muille: "Hänen täytyy kantaa tuo

41

säkki, koska Äiti ei halua olla epäreilu muita kohtaan, jotka ovat työskennelleet epäitsekkäästi. Ensin työ, sitten lepo."

Mieli on iso valhe

Kaikkien nauttiessa *prasadiaan* yksi *brahmachareista* kysyi: "Amma, eilen, kun puhuit meille *sakshi-bhavasta*, sanoit, että mieli on epätodellinen. Olen lukenut myös, että maailma on epätodellinen. Kumpi väite on tosi?"

Äiti: "Poikani, molemmat väitteet ovat tosia. Mieli on iso valhe, ja maailma on tuon valheen heijastuma. Molemmat ovat epätodellisia. Maailma on olemassa vain, koska mieli on olemassa. Mieli on syypää kaikkiin ongelmiisi. Se luo epäilyksiä ja saa sinut kärsimään, se aiheuttaa kaiken suuttumuksesi, vihasi ja kateutesi, se saa sinut toimimaan arvostelukyvyttömästi ja saa sinut jopa tekemään pahaa. Se johtaa sinut väistämättä kurjuuden tilaan. Mieli on helvetti. Se on *maya*, se on epätosi. Niin kauan kuin sinulla on mieli, olemassaolosi on epätodellista. Vain mielen eliminointi voi tuoda sinut takaisin totuuteen ja todellisuuteen.

Ego on mielen tuote. Siksi myös ego on valhe. Se ei ole todellinen. Olemassaolostasi tulee täyteläistä ja täydellistä vasta, kun pääset eroon mielestä ja egosta."

Kysymys: "Amma, sanot, että mieli ja ego ovat epätodellisia, että maailma ilmiöineen on vain mielen heijastusta, että todellinen luontomme on *Atman* tai Itse. Tätä on hyvin vaikea ymmärtää, ellet selitä sitä paljon selkeämmällä tavalla."

Äiti: "Poikani, ensiksikin sinun tulee tietää, että tätä ei voi selittää sanoin. Vaikka Äiti antaisi kuinka paljon todisteita ja esimerkkejä, samat kysymykset pysyvät yhä mielessäsi niin pitkään, kuin itse koet totuuden. Sinun itsesi on oivallettava se tosiasia, että maailma ja mieli ovat epätodellisia. Harjoita *tapasia*, niin tulet tietämään tämän.

Lapset, tietäkää, että mieli on kaikkein suurin mysteeri. Puhdas tietoisuus, tai Itse, ei ole mysteeri. Oivallettuasi Itsen huomaat, että se ei ole mysteeri lainkaan. Se olet sinä, sinun todellinen luontosi. Se on lähempänä kuin lähin; mikään ei ole lähempänä kuin Itse. Mieli tekee Itsestä mysteerin. Mieli on pulma, joka tekee kaiken kovin monimutkaiseksi. Sinä et ole mieli. Sinä olet Itse (*Atman*). Sinä synnyt, kasvat ja elät ja kuolet tuon tietoisuuden sisällä, mutta et koskaan ole tietoinen tästä suuresta totuudesta. Miksi et? Mielen ja sen luoman maailman vuoksi. Mielen takia on mahdotonta tuntea Itseä. Mieli tappaa sinut, se kuluttaa kaiken energiasi ja elinvoimasi. Suuri heikkous syntyy mielestä. Siksi yritä paeta tuosta epätodellisuudesta. Tule ulos tuosta suuresta valehtelijasta, mielestä, egosta.

Lapset, pyydätte aina todisteita ja selityksiä. Tämä on jotain sellaista, mitä ei voi todistaa. Tieteellinen teoria voidaan todistaa oikeaksi, ja aistihavainnot voidaan todistaa. Mutta *Atman* on tieteen ja kaikkien aistihavaintojen tuolla puolen. Sitä ei voi todistaa empiirisesti. Se koetaan sisäisesti. Mutta ota huomioon, että se, joka vaatii todisteita, on mieli. Mieli, joka on epätodellinen, vaatii todisteita todellisesta! Kaikkien epäilystesi ja kysymystesi lähde on itsessään epätodellinen. Kaikki epäilyksesi ja pelkosi kumpuavat tuosta suuresta valehtelijasta, mielestä.

Tässä esimerkki. Olipa kerran kuuluisa painija, joka oli voittamaton. Hän oli ollut maansa mestari jo monta vuotta. Koska hän oli maan vahvin mies, hänestä tuli tietysti ylpeä ja ylimielinen. Eräänä päivänä hänelle ilmaantui haastaja toisesta kaupungista. Ottelun päivämäärä sovittiin, ja se sai suurta ennakkojulkisuutta. Suuri päivä koitti ja painijat tulivat stadionille. Ylpeä painijamme, mestari, oli hyvin varma voitostaan. Hän oli vahvempi kuin vastustajansa, hän oli erittäin hyvässä kunnossa, ja hänellä oli pitkä kokemus. Ottelu alkoi. Yleisö huusi ja hurrasi molemmille, vihelsi ja heilutteli käsiä. Jotkut kannustivat mestaria, kun taas toiset olivat haastajan puolella. Ottelu oli kestänyt jo pitkään ja oli vaikea arvata, kumpi veisi voiton. Mutta lopulta haastaja löi hallitsevan mestarin ylivoimaisella tavalla, ja hänet julistettiin uudeksi mestariksi. Yleisö huusi: 'Eläköön uusi mestari', ja buuasi häviäjälle. He solvasivat häntä ja nauroivat hänelle pilkallisesti. Jotenkin hän onnistui nousemaan painimatolta ja käveli pois pää häpeästä painuksissa. Vielä pitkään stadionilta poistumisen jälkeenkin hän kuuli korvissaan yleisön pilkkahuudot. Hänen sydämensä oli täynnä vihaa ja hänen mielensä kiihdyksissä. Tässä vaiheessa hän yhtäkkiä heräsi.

Se olikin vain unta! Mutta mestari oli hyvin levoton. Hän oli menettänyt mielenrauhansa ja käveli huoneessaan edestakaisin kuin aidattu leijona. Hänen mielessään risteili koston ajatuksia. Hän oli täysin samaistunut uneensa ja yritti kuumeisesti pohtia, millä tavoin hän voittaisi unensa vastustajan. Hän ajatteli: 'Voi hyvä Jumala, olen menettänyt kaiken. Olen menettänyt maineeni. Kuinka kehtaan näyttää naamaani julkisuudessa? Tästä lähtien kukaan ei enää kunnioita minua. Kuinka kykenen kestämään heidän ivansa? Kuolen mieluummin kuin elän tällä lailla. Minun on löydettävä jokin keino kostaa sille idiootille.' Tällaisia ajatuksia tulvi hänen mieleensä. Ylpeä painija kiskoi itseään tukasta ja ravasi huoneessaan hullun lailla edestakaisin. Mutta mitä enemmän hän kiihtyi, sitä enemmän hän halusi päästä tuosta mielentilasta. Niinpä hän lopulta istuutui ja yritti rentoutua. Se auttoi. Hänen mielensä alkoi tyyntyä, hänen ajatuksensa rauhoittua ja kohta hän oivalsi, kuinka typerä hän oli ollut. Hän ajatteli: 'Voi hyvä Jumala! Mitä minulle on tapahtunut? Mikä pölkkypää olenkaan! Se oli pelkkää unta! Mikään siitä ei ollut totta, vaan kaikki oli vain oman mieleni tuotetta. Olen ollut peloissani ja kiihdyksissäni jonkin asian vuoksi, mitä ei koskaan tapahtunut.'

Lapset, painijamestari oli täysin oman mielensä harhautta-ma. Hän oli täysin samaistunut uneen ja luuli, että kaikki unessa tapahtunut oli todellista. Mistä toinen painija ja pilkkaava yleisö ilmaantuivat? Kuka loi erilaiset painitekniikat, joilla painijat koettivat kukistaa toisensa? Kuka loi stadionin, mestarin tappion, hänen häpeänsä, vihansa ja kostonhalunsa? Kaikki oli mielen luomusta. Mikään ei ollut todellista mutta painija piti sitä totena ja reagoi vastaavasti. Hänen täytyi kärsiä niin pitkään kuin hän oli samaistunut oman mielensä luomaan unimaailmaan. Mutta heti kun hän oivalsi, että uni ei ollut todellinen, hän pääsi sen otteesta ja löysi rauhan. Samalla tavoin, me kaikki olemme samaistuneet uneen. Painija samaistui vain lyhyeen uneen. Heti kun hän heräsi, uni katosi, ja kun hän rentoutui, myös hänen samaistumisensa uneen poistui. Mutta me olemme samaistuneet paljon pidempään uneen. Mieli projisoi tuon unen, joka perustuu ajatuksiimme ja aikaisempiin kokemuksiimme. Nykyisessä tilassamme uskomme unen olevan totta. Elämme mielen luomassa unessa ja olemme samaistuneet siihen. Herääminen ei ole vielä tapahtunut.

Pyysit selvempää selitystä. Miten tämä voisi selvitä nukkuvalle ihmiselle? Uni katoaa, kun heräät. Vasta silloin kaikki selviää. Lapset, te kaikki uneksitte ja kuvittelette unen olevan totta. Vaikka tätä selittäisi kuinka paljon, se ei selviä teille. Ennen kuin heräätte, niin kauan kuin samaistutte uneen, tämä on epäselvää. Herätkää ja oivallatte, että näitte vain unta. Silloin kaikesta tulee selvääkin selvempää."

Mielen kaksi ominaisuutta

"Mielellä on kaksi ominaisuutta: verhoamisen voima ja heijastamisen voima. Ensin mieli peittää ilmiön todellisen luonteen ja sen jälkeen tulkitsee sen väärin. Siksi Amma sanoo, että mieli on valehtelija. Se verhoaa totuuden ja saa meidät pitämään totuutta jonakin muuna.

Mies käveli yksin kyläpolulla. Oli tulossa pimeä ja hänen oli vaikeaa löytää tietään hämärässä. Yhtäkkiä jokin pisti hänen jalkaansa. Hän kokeili jalkaansa kädellään ja havaitsi siellä pienen haavan. Hän tunsi siitä vuotavan verta. Mies jäykistyi kauhusta, kun hän näki kiemurtelevan käärmeen viereisessä pensaassa. Käärmeen oli täytynyt purra häntä. Mies joutui paniikkiin ja huusi kaikin voimin: 'Apua! Myrkkykäärme puri minua! Minä kuolen! Tulkaa hakemaan minut ja viekää lääkäriin!' Mies oli hysteerinen. Hän huusi ja huusi apua. Pian häntä alkoi väsyttää valtavasti ja hän tunsi olevansa pyörtymäisillään. Hän istuutui ja jatkoi avun kutsumista. Muutaman minuutin päästä pimeästä tuli mies soihtu kädessään. 'Mikä hätänä? Mitä tapahtui?', hän kysyi. Uhri vastasi: 'Myrkyllinen käärme puri minua. Olen kuolemaisillani. Voitko viedä minut lääkäriin?' 'Älä huolehdi. Totta kai autan sinua. Mutta missä tämä tarkalleen ottaen tapahtui?' 'Täällä, juuri tässä paikassa. Katso pensaikkoon. Siellä on käärme!' Paikalle tullut mies valaisi pensasta soihdullaan, ja mitä hän näkikään? Piikkipensaan, johon oli tarttunut narunpätkä. Hän sanoi: 'Katso tarkkaan! Se on piikkipensas. Piikki on varmaankin osunut jalkaasi. Epäonneksesi näit samaan aikaan narunpätkän ja erehdyit luulemaan sitä hämärässä käärmeeksi. Niinpä olit varma, että käärme oli purrut sinua. Mutta nyt tiedät totuuden, nyt voit rauhoittua.' Heti kun pistoksen saanut mies oivalsi totuuden, kaikki väsymyksen oireet ja huimaus katosivat ja hän alkoi rentoutua.

Tällä tavoin mieli tekee meille temppujaan. Tässä esimerkissä mieli ensin peitti totuuden narunpätkästä ja sitten heijasti siihen käärmeen. Käärme on menneisyytesi. Mieli tekee tätä jatkuvasti. Se peittää *Atmanin*, ainoan todellisuuden, ja projisoi sen tilalle moninaisuuden maailman. *Atman* (Itse) on verhottu, ja tilalle on heitetty ajatuksemme. Tälle mielen petokselle ei ole loppua. Vasta kun todellinen mestari tuo sinulle todellisen tiedon valon, voidaan harha poistaa. Silloin oivallat Totuuden ja saat rauhan. Silloin tapahtuu todellinen herääminen. Sitä ennen Totuus jää epäselväksi."

Herää ja tulet tietämään

Lyhyen tauon jälkeen *brahmachari* Venu esitti toisen kysymyksen.

Kysymys: "Amma, ovatko herääminen, josta puhut, ja *sakshi-bhava* samoja vai eri asioita?"

Äiti: "Poikani, sekä herääminen että *sakshi-bhavan* tila vaativat tietoisena olemista. Todellinen henkisyys tarkoittaa täydellisesti tietoisena olemista – ne ovat yksi ja sama asia. Suurin osa ihmisistä ei ole tietoisessa tilassa. He elävät tiedottomuuden maailmassa, koska heidät opetetaan elämään sillä lailla.

Lapsi syntyy maailmaan puhtaassa tietoisuudessa, mutta yhteiskunta opettaa hänet olemaan vailla tietoisuutta. Lapsen ympärillä olevat ihmiset – vanhemmat, sukulaiset, ystävät ja yhteiskunta – opettavat lapsen noudattamaan erilaisia tapoja. Hänet kasvatetaan tietyllä tavalla, omaksumaan tietty uskonto, kulttuuri, kieli, ruoka, koulutus ja tavat. Kaikki hänen ympärillään ehdollistaa hänet. Hänen näkönsä hämärtyy täysin ja hänet pakotetaan unohtamaan todellinen luontonsa. Hänelle opetetaan kaikkea paitsi sitä, kuinka vain olla omassa todellisessa luonnossaan. Näin lapsesta tulee kasvaessaan tiedostamaton, kaiken häneen pakotetun ehdollistamisen sokeuttamana. Hän menettää puhtautensa ja viattomuutensa, eikä häntä koskaan opeteta olemaan tyyni.

Voidakseen olla tietoinen on oltava tyyni. Rentoutuminen ei pääse tapahtumaan, ellei mielen kahleita opita purkamaan. Muinaiset pyhimykset ja näkijät ovat oman elämänsä esimerkillä näyttäneet meille, kuinka häivyttää mieli, ajatukset ja kaikki niiden luomat sidokset."

Venu keskeytti ja huomautti innostuneesti: "Amma, miksi mennä niin kauas menneisyyteen? Sinä itse olet näyttämässä meille oikeaa tietä."

Kiinnittämättä kommenttiin mitään huomiota Äiti jatkoi: "Opi olemaan elämässäsi sitä, mitä haluat, ja samaan aikaan opi tämä kaikissa oloissa täydellisen tietoisena olemisen tekniikka. Kun olet oppinut tämän taidon, olet aina tietoinen ja katselet sivullisena, mitä ympärilläsi tapahtuu, joutumatta tapahtumiin osalliseksi.

Oletetaan, että sisälläsi herää viha. Tiedä, että viha on siellä. Tiedä, että viha on noussut pintaan sinussa. Kun olet tietoinen siitä ja voit nähdä sen selvästi, kuinka silloin voisit lähteä mukaan sellaiseen mielentilaan? Viha on katastrofi. Kukaan ei tietoisesti siirtyisi sellaiseen tilaan. Se saastuttaa ja myrkyttää jokaisen ja kaiken. Viha ja muut kielteiset mielentilat ovat tuhoisia. Ne heräävät tiedostamatta. Jos olet tietoinen, täysin hereillä ja jatkuvasti valppaana, ne eivät voi vaikuttaa sinuun. Samoin, kun jokin tunne poistuu mielestäsi, tarkkaile sitä tietoisesti. Nykyisessä tilassamme kaikki tapahtuu tietämättämme. Ajatuksemme ja tunteemme vievät meidät mukanaan, aivan kuin olisimme syvässä unessa sisäisesti. *Sakshi-bhavan* tilaa voidaan ylläpitää harjoituksella. Se voi olla myös pysyvä tila. Kun olet pysyvästi vakiintunut tuohon tilaan, siitä tulee sinulle spontaani ja täysin luonnollinen olotila. Et voi olla sivustatarkkailija, ellet ole jatkuvasti valppaana. Menneisyyden luomalla unimaailmalla ei ole sijaa tuossa tilassa. Menneisyyden on kuoltava. Mielen on poistuttava, jotta *sakshi-bhava* voisi toteutua.

Lapset, todellinen luontonne on taivaan kaltainen, ei pilvien. Olemuksenne on kuin valtameri, ei sen aallot. Taivas ja valtameri ovat kuin Puhdas Tietoisuus. Taivas vain katselee pilviä. Valtameri vain katselee aaltoja. Pilvet eivät ole taivas. Aallot eivät ole valtameri. Pilvet ja aallot tulevat ja menevät. Taivas ja valtameri ovat pilvien ja aaltojen olemassaolon perusta. Niillä ei ole omaa olemassaoloa, ne ovat epätodellisia ja jatkuvasti muuttuvia. Kuten taivas ja valtameri, sivustakatsojan tietoisuustila on kaiken perusta. Kaikki tapahtuu tuossa perimmäisessä sivustakatsojan tietoisuudessa, mutta tarkkailija itse ei osallistu. Tuo sivustakatsoja vain on, puhtaana ja koskemattomana.

Samalla tavalla mieli ja sen ajatukset tulevat ja menevät. Ne ovat epätodellisia ja pysymättömiä. Ne ovat kuin katoavat pilvet taivaalla ja aallot valtameressä. Ne eivät voi koskettaa tietoisuuttasi. Pinnan alla oleva tietoisuutesi pysyy puhtaana ja koskemattomana. Tuo puhdas tietoisuus, joka on ikuisesti tietoinen kaikesta, mitä tapahtuu, on kaiken todistaja, *sakshi*.

Sakshi-bhavaan vakiintuminen tarkoittaa jatkuvasti tietoisena olemista. Ellet ole täysin hereillä, täydellisesti tietoisena, *sakshi-bhava* ei voi toteutua."

Eräs paikalla olevista vierailijoista sanoi: "*Lalita Asthottarassa* (108 Jumalallisen Äidin nimeä) sanotaan, että Devi on mielen kaikkien kolmen tietoisuustilan sivustanäkijä, nimittäin j*agratin* (valvetilan), *swapnan* (unitilan) ja *sushupthin* (syvän unen). *Jagrat swapna sushupthinam – sakshi bhuttyai namah*." Vierailija liitti kätensä yhteen ja lausui: "Oi Amma, uskomme sinun olevan Lalita

Parameswari, perimmäinen *sakshi*, joka on mielen kaikkien kolmen tilan tarkkailija."

Äiti alkoi laulaa laulua

Uyirayi Oliyayi

Oi Jumalatar Uma,
Elämä, Valo ja Voima maan päällä,
missä olet?
Oi Viisas, joka olet tuuli, meri ja tuli,
etkö armahda minua?

Olet piilotettu, todellinen Tieto,
ja poissa ollessasi viisaus
on etääntynyt maailmasta,
synnymme yhä uudelleen ja uudelleen,
epätodesta on tullut meille todellisuutta,
ja epäoikeudenmukaisuus lisääntyy.

Mielen apina riehuu lakkaamatta
kantaen käsissään omahyväisyyden hedelmää.
Mietiskelemättä omaa olemustaan
siitä tulee ruokaa kuoleman jumalalle.

Laulun jälkeen Äiti istui syvässä meditaation tilassa. Hän istui täysin liikkumatta, uppoutuneena omaan luonnolliseen tilaansa, joka on kaiken tuolla puolen. Hän näytti olevan täysin takertumaton. Hänen äsken antamansa selvitys korkeimmasta tietoisuudentilasta näytti poistaneen ohuen verhon hänen todellisen olemuksensa ja ulkoisen maailman väliltä. Äiti on sanonut: "Jotta voisin olla tässä maailmassa teidän kaikkien kanssa, on tätä tarkoitusta varten luotu ohut verho. Kuitenkin tämä verho voidaan poistaa, milloin Amma vain haluaa poistaa sen."

Joskus Äidin seurassa ollessa voidaan kokea myös hänen persoonaton olemuksensa. Tässä tilanteessa saattoi nähdä häivähdyksen tuosta Äidin perimmäisestä tilasta. Äiti vaikutti läpäisemättömältä

49

mysteeriltä istuessaan rannalla henkisissä korkeuksissaan, taustanaan valtaisa meri, jonka aallot murskautuivat kuun valaisemaa rantaa vasten, ja yläpuolellaan loputon öinen tähtitaivas äärettömän monine tähtineen. Ilmapiiri oli kuin käsinkosketeltavan henkisen energian täyttämä. Tilanteessa vallitsi ainutlaatuinen syvyyden tunne, joka vuorostaan loi epätavallisen rauhan tunteen kaikissa paikalla olijoissa. Se oli puhtaan autuuden hetki. Noin viisitoista minuuttia kului tällä tavoin. Ja vaikka mereltä puhalsi kylmä tuuli, kukaan ei edes ajatellut liikahtavansa tuumaakaan.

Kello oli melkein kaksitoista. Pieni liikahdus Äidin kehossa, ja muutamaa sekuntia myöhemmin hän oli jälleen tavallisessa ulkoisessa tietoisuudentilassaan. Pian kaikki huomasivat Äidin liikahtaneen.

Muutama kalastaja tuli ulos majoistaan katsomaan, mitä tähän aikaan yötä oikein tapahtui, ja jotkut heistä jopa liittyivät ryhmään.

Takertuminen on sairaus

Kohta Äidin kuultiin jälleen puhuvan. "Ihmisillä on kaksi suurta ongelmaa. Ensimmäinen alkaa siitä, että et saa sitä, mitä haluat. Toinen ongelma on kummallinen, koska se syntyy siitä, että saat haluamasi."

Kysymys: "Amma, tuo kuulostaa oudolta! Kuinka siitä voi kehittyä ongelma, että saa mitä haluaa?"

Äiti: "Poikani, asia on yksinkertainen. Aina kun mielihalusi täyttyvät, seuraa siitä ketju ongelmia. Tämä johtuu siitä, että kiinnyt siihen, mitä olet saanut. Ja saatuasi mielihalusi kohteen itsellesi alat suojella sitä ja omistushalusi vain kasvaa. Mielesi tulee hyvin levottomaksi riippumatta siitä, saatko halusi kohteen vai et. Menetät mielenrauhasi yrittäessäsi turvata kohteen pysymisen itselläsi. Todellinen ongelma onkin siis ongelmallisen mielen aikaansaama kiintymys. Tämä takertuminen on sairaus. Liiallinen kiintymys voi aiheuttaa jopa mielenterveyden menetyksen.

Et voi olla kiintynyt mihinkään asiaan maailmassa ja olla samaan aikaan rauhassa, sillä liian suuri kiintymys luo paljon jännitettä mieleen ja saa aikaan väistämättä kipua. Kun olet liian kiintynyt mihin tahansa asiaan, kiintymyksen aikaansaama innostuneisuus ja levottomuus kiihdyttävät ajatusprosessiasi ja voimistavat mielen kaaosta. Paine, joka näin muodostuu, on sellainen, että et enää kykene hallitsemaan mieltäsi. Et tiedä, mihin suuntaan mennä ja menetät kaiken selkeydentunteen. Mielestäsi tulee kuin metsä pyörremyrskyn jäljiltä. Tähän saakka pystyit ainakin jossain määrin katsomaan asioita etäältä niiden tapahtuessa elämässäsi. Mutta nyt kiintymyksen paine on saavuttanut huippunsa, taakasta on tullut liian raskas, etkä tiedä mitä tehdä tai miten käsitellä sitä.

Menetät otteesi elämään, ja tuntien itsesi tavattoman yksinäiseksi ja pettyneeksi sinusta tulee helppo uhri mielellesi. Hukut ajatuksiisi, ne käyvät ylitsesi ja nielaisevat sinut koko-naan sinun samaistuessasi mieleesi ja sen kielteisiin tunteisiin. Murrut täysin ja joudut mielen synkimmille alueille. Saatat jopa tulla hulluksi. Tämän kaiken kiintymys voi saada aikaan.

Äiti kertoo erään kuulemansa tarinan. Mies vieraili mielisairaalassa, jonka lääkäri oli hänen läheinen ystävänsä. Lääkäri vei hänet kierrokselle katsomaan potilaita. Eräässä huoneessa oli mies, joka keinutteli itseään tuolilla puolelta toiselle ja toisteli lakkaamatta nimeä: 'Pumpum, Pumpum, Pumpum...' Vierailija sanoi lääkärille: 'Miesrukka. Mikä häntä vaivaa? Kuka on tämä Pumpum?' Lääkäri vastasi: 'Pumpum oli hänen rakastettunsa. Pumpum petti hänet ja karkasi toisen miehen kanssa. Siksi hän tuli hulluksi.' Vierailija huokasi ja he jatkoivat kierrostaan. Vierailija yllättyi, kun eräässä toisessa huoneessa oli mies, joka paukutti päätään seinään ja toisti: 'Pumpum, Pumpum, Pumpum...' Hän kysyi: 'Mitä tämä on? Onko Pumpum ollut tämänkin miehen kanssa tekemisissä?' Lääkäri vastasi: 'Kyllä, tämä on mies, jonka kanssa Pumpum meni lopulta naimisiin.'

Kaikki puhkesivat nauramaan. Yön hiljaisuudessa se kuulosti kuin räjähdykseltä. Nauru laantui hiljalleen ja sulautui valtameren ääneen. Noin puoli yhdeltä yöllä Äiti nousi ylös ja lähti kävelemään *ashramiin* lastensa seuraamina.

Yö oli ollut suurenmoinen. Tällaiset hetket ovat unohtumattomia. Ne vaikuttavat syvästi opetuslapsen sydämeen. Ne ovat korvaamattomia hetkiä, jotka antavat niin paljon mietiskelyn aihetta. Todellisen elävän mestarin kanssa eläminen on harvinainen siunaus. Se on harvinaisin ja kallisarvoisin siunaus, jonka ihminen voi saada. Nämä tuokiot synnyttävät myöhemmin opetuslapsessa voimakkaan rakkauden ja kaipauksen aaltoja, jotka saavat hänet lopulta sukeltamaan syvälle omaan tietoisuuteensa ja siten nostamaan hänet henkisen autuuden korkeuksiin. Siunattuja todellakin ovat ne, jotka saavat olla Äidin kaltaisen suuren mestarin seurassa.

Kun Amma sanoo: "älä ole huolissasi ..."

Eräs henkilö sanoi: "Kun Amma sanoo, 'Älä ole huolissasi', ei kannata huolehtia, koska tavalla tai toisella ongelma ratkeaa."

Tämä on monien ihmisten kokemus. Äskeisen kommentin esittänyt henkilö oli tullut tänä iltana perheensä kanssa katsomaan Äitiä ja saamaan hänen siunauksensa.

Puolitoista vuotta sitten hänen tyttärensä oli annettu vaimoksi hartaalle nuorelle miehelle, ja pari oli aloittanut hyvin onnellisen yhteisen avioelämän. Muutama kuukausi vihkimisen jälkeen nuorella naisella todettiin perheen suureksi järkytykseksi kohdussa syöpä. Hän oli tuolloin viidennellä kuukaudella raskaana. Lääkärit olivat sitä mieltä, että kyseessä oli vakava, äärimmäisen vaikea tapaus. Kasvain, jota arveltiin pahanlaatuiseksi, tulisi poistaa kohdusta leikkauksella. Lääkärit eivät olleet toiveikkaita leikkauksen lopputuloksesta. He eivät uskoneet vauvan selviävän elossa, ja myös äidin henkiinjäämismahdollisuudet olivat vähäiset. Itse asiassa lääkärit sanoivat naisen vanhemmille, että vain Jumala pystyisi pelastamaan heidän tyttärensä ja lapsen huolestuneet vanhemmat menivät Äidin luo. Hän oli heidän ainoa toivonsa. He kertoivat hänelle tytärtään uhkaavasta hengenvaarasta ja rukoilivat häneltä armoa. Koko perhe oli ollut hyvin omistautunut Ammalle siitä lähtien, kun he olivat tavanneet hänet vuonna 1981. Aina, kun heillä oli ongelma, he kääntyivät hänen puoleensa saadakseen hänen armonsa ja opastuksensa. Äiti kuunteli, kun he kertoivat ongelmastaan, ja ilmaistuaan syvän huolensa heidän tyttärensä puolesta hän sanoi: "Älkää olko huolissanne. Äiti pitää huolen sekä tyttärestänne että lapsesta." Heillä oli täydellinen usko Äitiin, ja tämän jälkeen he eivät enää huolehtineet asiasta, eivät edes silloin, kun tyttären piti neljän kuukauden päästä mennä leikkaukseen. Heidän uskonsa Amman sanoihin osoittautui sataprosenttisen oikeassa olevaksi. Leikkaus suoritettiin, vauva poistettiin kohdusta ja lääkäreiden suureksi ihmeeksi sekä äiti että lapsi jäivät henkiin. Kohdusta poistettiin noin kaksikiloinen kasvain, ja vaikka lääkärit arvelivat vielä seuraavan komplikaatioita, niitä ei tullut lainkaan. Kaikki sujui hyvin. Sekä äiti että lapsi olivat täysin terveitä.

Kun Äiti tuli alas huoneestaan, hänen *darshaniaan* innokkaasti odottava perhe ryntäsi häntä vastaan ylös portaita. He kumartuivat hänen eteensä ja laskivat vastasyntyneen lapsen hänen jalkoihinsa. Lapsen äiti vuodatti kiitollisuuden kyyneleitä ja sanoi Ammalle: "Amma, tämä lapsi syntyi ainoastaan Sinun armostasi." Amma nosti lapsen syliinsä. Hän silitteli lasta ja sanoi tälle: "Näetkö, kuinka paljon hankaluuksia äitisi on kärsinyt vuoksesi, vain jotta hän voisi synnyttää sinut!"

Äiti istuutui portaiden juurelle. Pian *ashramin* asukkaat olivat hänen ympärillään. Lapsi katseli tiiviisti Äitiä. Hänellä oli tumma ihonväri ja tämän vuoksi Äiti kutsui häntä nimellä 'Karumba' ('Musta'). Hän jatkoi: "Poikani, olet musta niin kuin Ammakin. Etkö haluaisi olla vaalea niin kuin äitisi?" Lapsi alkoi äkkiä itkeä. Äiti sanoi: "Näyttää siltä, että hän ei pitänyt siitä, että Amma kutsui häntä Karumbaksi."

Lapsen isoisä kihisi innostuksesta, eikä enää kyennyt pidättelemään itseään. Hän tiuskaisi: "Ei! Ei! Hän oli hyvin iloinen siitä, että kutsuit häntä 'Mustaksi'. Hän oli iloinen saadessaan kuulla, että on yhtä musta kuin sinä, Amma. Mutta siitä hän ei pitänyt, että kysyit häneltä, halusiko hän olla vaalea kuten äitinsä. Hän esittää nyt vastalausettaan!" Kaikki ilahtuivat tästä ihanasta huomautuksesta ja nauroivat hyväksyvästi. Myös Amma nauroi mukana, kun hän antoi lapsen takaisin nuorelle äidille.

Tapasin tarpeellisuus

Äiti kääntyi vierellään istuvien ashramin asukkaiden puoleen ja sanoi: "Minkä tahansa uuden asian syntymään vaaditaan valtavasti *tapasia*. Otetaan esimerkiksi lapsen syntymä. Lapsen äiti suorittaa kirjaimellisesti *tapasia* raskautensa aikana. Hänen täytyy olla kaikessa hyvin huolellinen: siinä, miten hän liikkuu ja toimii, ja jopa siinä, miten hän asettuu makuulle. Hän ei voi syödä tiettyjä ruokia, eikä hän saa rasittaa itseään liialla työllä. Hänen on ehkä vältettävä tiettyjä tilanteita, joissa hän saattaisi hermostua tai järkyttyä, eikä hänen ole hyvä murehtia asioita eikä olla ahdistunut. Hän synnyttää terveen, älykkään lapsen vain, jos hän on noudattanut lääkärin antamia ohjeita. Hänen tekemänsä virheet saattavat vahingoittaa lasta. Raskaana oleva nainen ajattelee jatkuvasti kohdussaan olevaa lasta. Hän ei unohda lasta hetkeksikään ja hän on todella valpas. Näin myös meidän tulisi olla samalla lailla sitoutunut siihen henkiseen syntymään, joka meissä odottaa tulemistaan. Tämä sitoutuminen tunnetaan *tapasina*. Sillä mitä tahansa uutta aiotaankaan synnyttää – valtio, instituutio, liikeyritys – vaaditaan paljon *tapasia*. Jos haluat todelliseksi mestariksi omalla alallasi, olitpa sitten henkisesti suuntautunut ihminen tai olivatpa tavoitteesi pääasiallisesti aineellisia, on täysin välttämätöntä harjoittaa *tapasia*.

Henkisiin tavoitteisiin pääseminen tarkoittaa kuolemista ja uudestisyntymistä. Egon on kuoltava. Vasta egon kuoltua voi todellinen sinä syntyä. Ja kuten missä tahansa muussa synnytysprosessissa, sinun on jouduttava kokemaan *tapasia*, ankaraa *tapasia*. *Tapas* on tavallaan väistämätöntä. *Tapas* on se kipu, joka sinun on läpikäytävä voidaksesi saavuttaa mitään. Henkiseen päämäärään pääseminen tarvitaan suurin mahdollinen määrä *tapasia*. Henkisyyden ja muiden elämän tavoitteiden välillä on aste-ero. Henkinen oivallus on korkeimmanlaatuinen onni, joka voidaan saavuttaa. Siksi myös siitä maksettava hinta on hyvin korkea. Tämä on pelkkää maalaisjärkeä. Ulkomaailmasta saatava onnellisuus on ohimenevää, se ei jää luoksesi pitkäksi aikaa. Olet hetken aikaa onnellinen, ja seuraavana hetkenä onni on mennyttä. Mutta henkinen autuaallisuus ei ole lainkaan tuollaista. Kun lopullinen läpimurto tapahtuu, eli pääset kehosta, mielestä ja älystä johtuvan rajoittuneisuuden ylitse, ei paluuta enää ole. Autuus on ikuinen. Ja se on ääretön. Mutta sinun on maksettava tästä asianmukainen hinta. Ei riitä, että maksat vain osalla itsestäsi, sinun on maksettava kaikella. Sinun on annettava koko elämäsi.

Pelkästään saadaksesi joitakin fyysisiä esineitä sinun on uhrattava paljon. Tai saadaksesi paremman aseman, tai tullaksesi kuuluisaksi. Sinun on opiskeltava ja harjoiteltava saadaksesi asiaankuuluvan koulutuksen ja tarvitsemasi todistukset. Monet uhraavat perheonnensa saadakseen korkeamman aseman yhteiskunnassa tai luodakseen tuottavamman liikeyrityksen. Noihin tavoitteisiin pääsemiseksi on käytettävä paljon aikaa ja energiaa. Mitä suuremmasta onnesta halutaan nauttia, sitä enemmän sen eteen vaaditaan työtä, ja sitä korkeampi hinta siitä on maksettava.

Kuinka paljon tahansa saavutatkaan materiaalisesti, kipu ja jännitys eivät poistu sen myötä. Ne eivät lopu. Sen sijaan saavutettuasi henkisyyden korkeimman huipun ne häviävät. Sinusta tulee täysin riippumaton ja täydellisen rento.

Jos haluat jäädä kotikylääsi, olla tyytyväinen vaatimattomaan työhösi ja nauttia yhdessäolosta perheesi kanssa, ei siinä ole mitään vikaa. Se ei vaadi niin paljon yritystä, eikä se vie niin paljon energiaasi ja aikaasi. Siihen tarvittava *tapas* tai kipu on suhteellisen pientä. Jos olet hyvin kunnianhimoinen ja haluat ansaita enemmän rahaa uskoen sen tekevän sinut onnellisemmaksi, sinun on tehtävä paljon enemmän *tapasia*. Jos haluat lääkäriksi tai tiedemieheksi ulkomaille, vaikkapa Amerikkaan, silloin *tapas* (asiaan sitoutuminen) on hyvin suurta luokkaa.

Sen, joka haluaa tulla maailman onnellisimmaksi ihmiseksi ja saavuttaa korkeimman laatuisen onnellisuuden, on astuttava henkiselle polulle ja suoritettava intensiivistä *tapasia*. Tämä on hyvin yksinkertaista. Voidaksesi hankkia vain joitakin asioita, kuten talon, auton tai maatilkun, sinun on maksettava siitä korkea hinta ja uhrauduttava monessa tilanteessa. Henkisyydessä on kysymys koko maailmankaikkeuden hankkimisesta, koko maailmankaikkeuden omistajaksi tulemisesta. Maailmankaikkeudesta tulee sinun omasi, siitä tulee sinun palvelijasi ja sinusta sen mestari. Voit kuvitella kuinka paljon *tapasia* vaaditaan voidaksesi tulla niin rikkaaksi, että omistat koko universumin, tullaksesi maailmankaikkeuden herraksi ja ollaksesi onnellisin kaikista kaikkina aikoina.

Kyllä, lapset, se on uusi syntymä. Tullaksesi todella henkiseksi sinun on synnyttävä uudestaan. Ja todellinen Sinä voi syntyä vain, jos kuolet.

Kun siemenen ulkokuori kuolee, pääsee verso esiin. Vähitellen se kasvaa suureksi puuksi, joka suojaa auringolta, kukkii ja tuottaa runsaasti hedelmää. Samalla tavoin on kehon ja egon ulkokuoren kuoltava, jotta voisimme kasvaa *Atmaniksi* (Itseksi).

Aivan kuten äiti on valmis kestämään lapsen synnytyskivut, todellisen *sadhakan* (henkisen pyrkijän) tulisi olla valmis läpikäymään *tapasin* tuskan sinnikkäästi ja valppaana, jotta hän voisi puhjeta jumalalliseen, kauniiseen ja tuoksuvaan kukkaan. Kukan kukkiessa nuppu aukeaa, ja tuohon aukeamiseen liittyy jonkin verran kipua. Nykytilanteessa sydämesi on kuin tuo nuppu, ja jotta sydämesi voisi avautua, *tapasin* kipu ja kuumuus ovat välttämättömiä. *Tapas* tarkoittaa sananmukaisesti kuumuutta. Vain *tapasin* tuottama kuumuus, kipu ja kaipaus voivat polttaa pois egon ja mielen ajatuksineen sekä *vasanoineen* (taipumuksineen). Avautumisprosessi on kivulias, mutta kun se on käyty läpi, jumalallisen sydämen kukan kauneus ja suloisuus on sanoinkuvaamatonta, ja ikuista.

Ole viaton aloittelija

Kysymys: "Mikä on paras tapa saada tuo avautuminen tapahtumaan?"

Äiti: "Poikani, voitko olla ikuinen aloittelija? Jos pystyt pysyttelemään viattomana aloittelijana, silloin se on paras tapa avautumiseen."

Eräs *brahmachari* huudahti: "Aloittelija! Mitä tarkoitat sillä, Amma?"

Äiti vastasi: "Niin, poikani, voit ylläpitää aloittelijan asenteen vain, jos tiedostat tietämättömyytesi. Aloittelija on aina tietämätön ja hän tietää olevansa tietämätön. Siksi hän kuuntelee tarkkaavaisesti. Hän on avoin ja vastaanottavainen. Kun ajattelet tietäväsi, et enää kuuntele, silloin vain puhut. Mielesi ja älysi tulevat täyteen. Et ole enää aloittelija, sinusta on tullut tietävä ihminen. Mutta todellisuudessa tuollainen henkilö on tietämättömämpi kuin muut, sillä hän on täysin sulkeutunut. Hän on menettänyt kykynsä olla avoin ja vastaanottavainen. Hänellä saattaa olla tietoa, mutta hän ei todella tiedä. Ne ovat eri asioita. Voidaksesi tietää sinun on oltava avoin. Sinun on oltava viaton aloittelija.

Aloittelija pystyy kumartamaan nöyrästi, ja tämän vuoksi todellinen tieto virtaa häneen. Mutta tietävä ihminen on vain täynnä informaatiota, ja hänellä on taipumusta egoistisuuteen. Siksi hän ei voi painaa päätään alas ja olla nöyrä. Todellinen tieto ei voi päästä häneen. Sille ei ole tilaa hänessä ja se vain läikkyy yli.

Ammalla on teille tarina kerrottavana. *Mahatma* eli syvällä metsässä. Eräänä päivänä eräs hyvin kirjanoppinut henkilö tuli tapaamaan häntä. Kirjanoppineella oli kova kiire ja hän sanoi *mahatmalle*: 'Arvoisa herra, voitteko opettaa minulle jotakin meditaatiosta?' *Mahatma* hymyili hänelle ja sanoi: 'Miksi noin kova kiire? Istu alas, rentoudu ja ota kuppi teetä. Silloin voimme keskustella aiheesta, aikaa on riittävästi.' Mutta kirjanoppinut oli hyvin levoton ja kärsimätön. Hän sanoi: 'Miksi ei nyt heti? Kerro minulle jotakin meditaatiosta!' *Mahatma* kuitenkin vaati, että miehen olisi istuttava alas, rentouduttava ja otettava kuppi teetä, ennen kuin hän puhuisi. Kirjanoppineen oli lopulta taivuttava *mahatman* vaatimukseen ja hän istuutui. Mutta, kuten kirjanoppineen luonteeseen kuuluu, hän ei mitenkään pystynyt rentoutumaan. Hän puhui taukoamatta sisällään. *Mahatma* käytti reilusti aikaa askareisiinsa. Hän keitti teen ja tuli sitten takaisin miehen luokse, joka odotti kärsimättömänä. *Mahatma* ojensi hänelle kupin ja lautasen ja alkoi kaataa teetä kuppiin. Kuppi täyttyi ja alkoi tulvia yli, mutta *mahatma* ei lopettanut kaatamista. Kirjanoppinut huusi hänelle: 'Mitä oikein teet? Kuppi on täynnä! Lopeta kaataminen!' Mutta *mahatma* jatkoi vain. Tee valui kupista ensin lautaselle ja sitten lattialle. Kirjanoppinut huusi niin kovaa kuin jaksoi: 'Hei, oletko sokea! Etkö huomaa, että kuppi on täynnä, eikä siihen mahdu enää pisaraakaan?' *Mahatma* hymyili ja lopetti kaatamisen. 'Aivan niin,' hän sanoi. 'Kuppi on täynnä, eikä siihen mahdu enää pisaraakaan. Tiedät siis, että kun kuppi on täynnä, siihen ei mahdu enää enempää. Kuinka siis sinä, joka olet täynnä informaatiota, voisit kuunnella minua, kun puhun meditaatiosta? Se on mahdotonta. Siispä, tyhjennä ensin mielesi ja sitten puhun sinulle. Joka tapauksessa, meditaatio on kokemuksellista, eikä sitä voi selittää sanallisesti. Pääset meditaatioon vasta, kun pääset eroon mielestäsi ja ajatuksistasi.'"

Äiti jatkoi: "Tietoa täynnä olevat ihmiset osaavat vain puhua. He eivät osaa kuunnella. Kuunteleminen on mahdollista vain tyhjänä. Vain sellainen, jolla on asenne, 'olen aloittelija, olen tietämätön', voi kuunnella uskoen ja rakkaudella. Muut eivät voi kuunnella.

Jos tarkkailet kahden kirjanoppineen keskustelua, voit havaita, että kumpikaan ei kuuntele, mitä toinen sanoo. Kumpikin on hiljaa toisen puhuessa, ja saatat ajatella, että he kuuntelevat, mitä toisella on sanottavana, mutta todellisuudessa he eivät kuuntele. He eivät pysty siihen. Yhden puhuessa toinen saattaa olla ulkoisesti hiljaa, mutta hänen sisällään on puhe käynnissä, hän rakentaa omia ideoitaan ja muodostaa omia tulkintojaan. Kumpikin odottaa toisen lopettavan voidakseen itse aloittaa, eikä heidän puheidensa välillä ole yhteyttä.

Yksi puhuu asiasta A ja toinen asiasta B. Kumpikaan ei ole hyvä kuuntelija, he osaavat vain puhua."

Kuinka kuunnella

"Jos haluat olla hyvä oppilas, sinusta on tultava hyvä kuuntelija, kuuntelija, jolla on uskoa ja rakkautta. Jotta voisit kuunnella kunnolla, sinun on aina pidettävä itseäsi aloittelijana. Sellainen aloittelija on täysin avoin ja viaton kuin lapsi."

Kysymys: "Amma, omasta mielestäni kuuntelen, kun sinä puhut. Mielestäni en puhu sisäisesti sinun puhuessasi. Vai puhunko?"

Äiti: "Poikani, Amma ei sano, ettet kuuntele. Sinä kuuntelet, mutta vain osittain. Sinun mielesi kuuntelee. Kuuntelusi on jakautunutta, ei jakautumatonta.

Otetaan esimerkiksi kriketti- tai jalkapallo-ottelun yleisö. Aika ajoin he unohtavat itsensä. Kun heidän suosikkipelaajansa lyö tai potkaisee palloa, he tekevät hassuja liikkeitä käsillään ja jaloillaan, ja joskus näet heidän kasvoillaan kummallisia ilmeitä. He osallistuvat kehollaan. Mutta he eivät unohda itseään kokonaan. He ovat yhä siellä, pelin lumoissa, mutta vain osittain.

Kun suuri muusikko esiintyy, kuuntelijat ottavat osaa keikuttaen päätään ja taputtaen käsiään. Mutta hekin osallistuvat vain osittain, tunteellaan. Heidän koko olemuksensa ei ole mukana.

Kuunnellessasi musiikkikappaletta olet paikalla, kun taas todellisessa osallistuessasi olet täysin poissa. Unohdat itsesi. Koko olemuksesi, kehosi jokainen solu avautuu ja vastaanotat kaiken menettämättä pisaraakaan. Kun imet ajatustesi tai meditaatiosi kohdetta itseesi, tulet yhdeksi sen kanssa. Tuolla lailla osallistuen olet itse täysin poissa. Ikään kuin näyttelijä ei olisi paikalla, vaan olisi olemassa pelkkä näytelmä. Tai kuin laulaja ei olisi paikalla, vaan pelkkä laulu olisi olemassa.

Kun Mira Bai lauloi ja tanssi, hän teki sen koko olemuksellaan. Kun Vrindavanan *gopit* halusivat nähdä Krishnan, he tekivät sen koko olemuksellaan. He unohtivat itsensä. He samaistuivat Krishnaan. Kuuntelustasi tulee täydellistä vasta, kun koko olemuksesi osallistuu. Vasta silloin todellinen tieto virtaa sinuun. Kun opit kuuntelemaan mestaria koko olemuksellasi, olet itse poissa. Et voi olla paikalla, mielesi ja egosi eivät voi pysyä mukana tuon laatuisessa kuuntelussa tai osallistumisessa. Samaistut mestariisi, hänen äärettömään tietoisuuteensa, ja tulet kaikeksi. Krishna ja Arjuna lähtivät kerran vaellukselle. Heillä oli pitkä, miellyttävä keskustelu. Eräässä vaiheessa Krishna sanoi Arjunalle: 'Sanot uskovasi, että minä olen Jumalan inkarnaatio. Tule siis kanssani, sillä haluan näyttää sinulle jotakin.' Heidän käveltyään jonkin aikaa Krishna osoitti pellolla kasvavaa suurta viiniköynnöstä ja kysyi: 'Mitä näet tuolla?' Arjuna vastasi: 'Näen valtaisan viiniköynnöksen, täynnä kypsiä rypäleterttuja.' Krishna sanoi: 'Olet erehtynyt, Arjuna. Tuo ei ole viiniköynnös eivätkä nuo ole rypäleitä. Katso tarkemmin.' Arjuna katsoi uudestaan ja hämmästyi nähdessään, että hänen edessään ei ollut viiniköynnöstä. Oli vain Jumala. Siinä ei ollut myöskään rypäleterttuja, vaan vain lukemattomia Krishnan hahmoja roikkumassa Krishnan hahmosta.

Kun osallistut kokonaisvaltaisesti, sinä tulet kaikeksi, samaistut koko universumiin. Uusi maailma avautuu edessäsi, ja asetut pysyvästi tuohon tilaan."

Oppilaita on kolmea eri laatua

"Kirjoituksissa puhutaan kolmenlaatuisista oppilaista. Parhaat, kykenevimmät oppilaat kuuntelevat mestaria koko olemuksellaan. Jos mestari sanoo tällaiselle oppilaalle: 'Sinä olet Brahman', oppilas oivaltaa välittömästi Brahmanin, perimmäisen todellisuuden. Kuinka se on mahdollista? Siksi, että hän kuuntelee täydellisesti, hänen koko olemuksensa osallistuu kuunteluun. Hän kuuntelee täydellä uskolla ja ehtoja asettamattomalla rakkaudella. Sellaisella oppilaalla on oltava ehtymätön halu tietää. Hän imee mestarin sanat itseensä

– ei, hän imee itse mestarin itseensä, koko olemuksellaan. Tällöin sanonta 'sinä olet Brahman' menee suoraan hänen sydämeensä ja hän oivaltaa.

Tuollainen oppilas pitää itseään aloittelijana, viattomana aloittelijana. Hän saattaa tuntea pyhät kirjoitukset läpikotaisin, mutta silti hän pysyy aloittelijana, viattomana kuin lapsi. Hän on äärimmäisen nöyrä ja siksi todellinen tieto virtaa häneen. Syvin tieto tulee ulottuvillesi vasta, kun opit osallistumaan koko olemuksellasi ja kun opit kumartumaan äärimmäisen nöyränä koko luomakunnan edessä.

Toinen oppilastyyppi kuuntelee myös, mutta vain osittain. Tällaiselta oppilaalta totuuden oivaltaminen kestää paljon kauemmin. Hän kuuntelee, mutta vain tunteella – hän ei kuuntele kokonaisuudellaan. Hänen kuuntelemisensa on jakautunutta, hänen uskonsa ja rakkautensa ovat jakautuneita. Mestarin on oltava hänen kanssaan hyvin kärsivällinen, jotta hän voisi oppia kuuntelemaan täydesti. Hän ei vielä hallitse kaiken unohtamisen taitoa, koko olemuksellaan osallistumisen taitoa. Todellinen tieto voi tulla häneen vasta, kun hän oppii kuuntelemaan mestaria sellaisella intensiteetillä, että hän unohtaa itsensä. Hänen alituiseen ailahteleva ja aina epäilevä mielensä ei salli hänen olevan viaton aloittelija niin, että todellinen tieto voisi virrata häneen. Joskus hän onnistuu siinä, mutta ennen pitkää mieli tulee takaisin. Vastaanottavaisuus tulee ja menee. Mieli ei anna hänen pysyä tuossa tilassa. Mielen ei pitäisi puuttua asioihin lainkaan. Sen ei pitäisi kysyä lainkaan kysymyksiä. Vasta silloin mieli lakkaa keskeyttelemästä ja täydellinen kuuntelu tulee mahdolliseksi. Ennen sitä oppilas kuuntelee vain osittain. Mutta mestari, joka on kärsivällisyyden ja myötätunnon ruumiillistuma, auttaa häntä saavuttamaan lopullisen päämäärän.

Kolmannen tyypin oppilas on älyllisesti suuntautunut. Hänen sisällään on kova puhe käynnissä, ja hänen mielessään on niin paljon informaatiota, ettei hän kykene kuuntelemaan lainkaan. Sellainen oppilas on hyvin itsekeskeinen, 'minä' ja 'minun' -asenteet ovat vallitsevana hänessä. Mestarin on odotettava loppumattoman kärsivällisenä hänen tuomistaan valoon. Oppilaan kuuntelukyky on todella kehno, koska hän ei osaa olla viaton aloittelija hitusen vertaa. Hän ei voi kumartaa ja olla nöyrä, joten todellinen tieto ei virtaa häneen. Vaikka mestari toistaa hänelle jatkuvasti: 'Sinä olet Jumala. Sinä olet Jumala... Sinä olet Brahman, perimmäinen todellisuus,' niin oppilas kyselee jatkuvasti itseltään: 'Miten? Miksi? Mitä? Milloin?' Kysymykset ovat loputtomat, koska hänen älynsä on tupaten täynnä hänen omia ideoitaan ja kirjoituksista omaksuttuja ideoita. Mestarin on oltava valtavan kärsivällinen voidakseen saattaa tällaisen oppilaan oikealle tielle. Vain jumalallinen kiekko voi avata raon tällaiseen oppilaaseen. Todellinen mestari käyttää lopulta todellisen tiedon jumalallista kiekkoa murtaakseen oppilaan egon auki. Mestari tyhjentää hänen älynsä saattamalla hänet tuntemaan, kuinka raskas taakka hänen rajoittuneen tietonsa lasti on. Sitten mestari täyttää hänen sydämensä todellisella tiedolla ja Jumalan valolla ja rakkaudella. Tämä on valtava työ, jonka vain todellinen mestari voi suorittaa."

Äiti on elävä esimerkki ihmisestä, joka tekee kaiken koko olemuksellaan. Hänen koko olemuksensa osallistuu hänen antaessa *darshania*, hänen puhuessaan, hänen laulaessaan *bhajaneita* ja työskennellessään muiden kanssa *ashramissa*. Hän omistautuu täysin sille, mitä milläkin hetkellä sattuu tekemään. Ottaessaan vastaan lapsiaan *darshanin* aikana hän antaa itsensä heille, hän unohtaa itsensä. Hän ei välitä omasta kehostaan eikä fyysisestä mukavuudesta. Äiti on täysin seuraajiensa käytettävissä uhraten koko olemuksensa heille, kun hän ottaa osaa heidän iloihinsa ja suruihinsa, onnistumisiinsa ja epäonnistumisiinsa. Hän on täysin läsnä ilman minkäänlaista egon tai tuomitsevuuden läsnäoloa.

Äidin koko olemus osallistuu kaikkeen, mitä hän tekee. Hän elää täysin nykyhetkessä. Näemme vain hänen ulkomuotonsa, mutta hän ei ole se. On vain puhdas oleminen. Hänen läsnäolonsa ja osallistumisensa on täydellistä, ja se on syvästi innoittavaa. Äiti ei voi tehdä mitään puolinaisesti. Hän voi osallistua vain täyteydellään. Juuri tämä täyteys tekee hänen seurastaan niin ihanan ja unohtumattoman elämänkokemuksen. Ja tämä täyteys tuo aivan erityistä viehkeyttä ja kauneutta kaikkiin hänen tekemisiinsä. Ne muodostuvat meditaatioksi. Äidin hymy, hänen kävelynsä, äänensä, katseensa, kosketuksensa ja hänen kaikkien tekojensa jokainen yksityiskohta on niin täydellinen, koska hän on *Purnam*. Hän on Suuri Kokonaisuus.

ॐ

5. luku

Äiti vietti muutaman päivän Calicutissa. Se oli hänen ensimmäinen vierailunsa tuolla seudulla. Tuon ajan hän asui erään seuraajansa kotona. Myös aamu*darshanit* pidettiin siellä. Paikalle virtasi jatkuvasti ihmisiä saamaan Äidin *darshanin*. Amman huone oli melko iso, ja hän vastaanotti ihmiset sängyllä istuen. Huone oli talon ensimmäisessä kerroksessa, ja ulkopuolella oli pitkä jono kärsivällisesti vuoroaan odottavia seuraajia. Jono ulottui kadulle saakka. Jotkut huoneessa olijoista istuivat syvässä meditaatiossa, kun taas toiset vain katselivat häntä ihmetyksen vallassa. *Brahmacharit* lauloivat *bhajaneita*. Eräs musiikin ammattilainen ilmaisi toiveensa saada laulaa Äidistä kirjoittamansa laulun

Paravasamannen Hridayam

Lukemattomat häiritsevät ajatukset
vaivaavat mieltäni syvästi.
Oi Äiti, älä viivy enää!
Pidä huolta tästä hätää kärsivästä.

Ole tietoinen siitä,
että olen hukkumassa meren syvyyksiin.
Oi Äiti,
jonka olemme tunteneet
läpi aikakausien,
etkö tulisi
ja pyyhkisi kyyneleiset silmäni?

Mieleni on kuohuksissa
kaikessa valitettavassa aaltoilussaan.

Minä kamppailen tässä tulimeressä
pääsemättä rannalle,
pääsemättä näkemään
sinun lootus-jalkojasi.

Näky Äidistä Parashaktina

Kun laulu oli loppunut, eräs nainen, joka oli juuri Äidin syleilyssä, nousi ylös ja alkoi tanssia ja laulaa toistaen mantraa, "Om Parashaktyai Namah." Nainen nosti kätensä päänsä yläpuolelle ja liitti kätensä yhteen. Hänen silmänsä olivat kiinni ja kyyneleet valuivat hänen poskiaan pitkin. Hän näytti hyvin autuaalliselta. Hän oli rauhallinen ja iloinen kuin henkilö, joka on täysin uppoutunut meditaatioon.

Hän huudahti autuuden tilassaan: "Todellakin siunattu olen tänään! Koskettamalla pyhiä jalkojasi olen tullut siunatuksi ja puhdistetuksi. Olen nähnyt tänään *Parashaktin* (perimmäinen energia, jumalallinen Äiti). Oi Äiti, älä jätä minua!"

Jotkut yrittivät kantaa hänet pois huoneesta. Mutta Amma puuttui tilanteeseen sanoen: "Ei, ei, kaikki on hyvin! Hän on autuuden tilassa. Älkää koskeko häneen. Antakaa hänen laulaa ja tanssia." Ihmiset noudattivat Äidin ohjeita eivätkä yrittäneet enää poistaa häntä. Nainen jatkoi jonkin aikaa laulamistaan ja tanssimistaan samassa autuaallisessa tilassa.

Myöhemmin nainen kertoi kokemuksestaan: "Kun odotin vuoroani Amman edessä, hän katseli minua ja hymyili niin rakkaudellisesti. Tuo hymy aiheutti minussa ikään kuin autuaallisen sähköiskun ja kaikki ihokarvani nousivat pystyyn. Minusta tuntui, kuin olisin ollut menettämässä kehotietoisuuteni täysin, ja lankesin Äidin eteen syvään kumarrukseen. Rukoilin: "Oi Äiti, suuri lumoojatar, suojele minua! Oi Äiti, suojele minua! Oi Parvati, Herra Shivan pyhä puoliso, anna minulle suojasi!" Äiti otti minut syleilyynsä äärettömän rakastavasti ja hellästi, hän veti minut luokseen ja laittoi pääni syliinsä. Sitten hän nosti pääni ja laittoi santelipuutahnaa kulmakarvojeni väliin. Tämä jumalallinen kosketus oli toinen todella autuaallinen kokemus. Silmäni olivat selkosen selällään. Oli kuin olisin ollut avaruudessa. Olin täysin uppoutunut jumalalliseen tunteeseen, jonka läsnäolo oli niin täysi ja kouriintuntuva. Minusta tuntui kuin olisin leijunut ilmassa, leijunut täydellisen täyteyden tunteessa. Mutta se, mitä näin silmieni edessä, oli jotain uskomatonta. Se ei ollut unta tai harhanäky - se oli todellista ja näin sen yhtä selvästi kuin teidät nyt."

Nainen oli hyvin kiihtynyt. Hän ei pystynyt puhumaan enempää, vaan sanat juuttuivat hänen kurkkuunsa. Hänen silmänsä täyttyivät kyynelistä ja hän näytti olevan ekstaasissa. Hänen kertomustaan kuunnellut henkilö halusi innokkaasti kuulla loputkin ja sanoi hänelle: "Kerro vielä ilmestyksestäsi. Mitä näit?"

Nainen onnistui joten kuten hallitsemaan tunteensa ja sanoi: "Näin edessäni Devin kauniin ja lumoavan hahmon kaikessa loistossaan ja kunniassaan. Hän istui lootus-asennossa koko aseistuksessaan. Sanat eivät voi kuvata sitä, kuinka ihana kokemus minulla oli. Sydämeni oli päihtynyt autuudesta. Oli vain autuutta, autuutta, autuutta –kylvin korkeimmassa autuudessa." Nyt puhuessaankin hän kuulosti hyvin autuaalliselta.

Amman nelipäiväinen ohjelma Calicutissa oli unohtumaton. Seuraajia tuli paikalle loppumattomana virtana. Aamu*darshanit* kestivät puoli kymmenestä neljään tai puoli viiteen iltapäivällä. Suurin osa iltaohjelmista pidettiin julkisilla paikoilla eri puolilla kaupunkia. Kaikenlaisia ihmisiä tuli tapaamaan Äitiä. Oli lapsia, vanhuksia, *sanjaaseja*, intellektuelleja, opiskelijoita, lakimiehiä, lääkäreitä, työmiehiä, poliitikkoja ja lehtimiehiä. Aamu*darshanin* aikana huone oli tupaten täynnä. Äidin tapa antaa *darshania* on sanoinkuvaamaton. Ihmiset näkevät Äidissä oman todellisen luontonsa, oman Itsensä, aivan kuten näemme kuvamme peilistä. Heistä tuntuu siltä kuin heidän elämänsä tarkoitus olisi toteutunut. Ja Äiti täyttää heidän toiveensa. Hän tietää mitä kukin heistä haluaa ja toteuttaa nämä toiveet, sillä hänen äärettömän Itsensä lähde on ehtymätön.

Onko uskonto syynä tämän päivän konflikteihin?

Eräs Calicutin ohjelmaan paikalle tullut lehtimies kävi Äidin kanssa seuraavan keskustelun.

Kysymys: "Amma, uskonnon ja henkisyyden tulisi opastaa ihmisiä oikealle tielle ja lisätä heidän mielenrauhaansa. Uskonnollisten ja henkisten ihmisten tulisi luoda yhteiskuntaan ja ihmisten keskuuteen harmoniaa ja yhtenäisyyttä, eikö niin? Mutta näyttää siltä kuin he aiheuttaisivat paljon sekaannusta, ristiriitoja ja epäyhtenäisyyttä. Onko sinulla mitään selitystä tähän?"

Äiti: "Poikani, syy ei ole uskonnossa tai henkisyydessä. Ongelma löytyy ihmismielestä. Rakkaus, rauha ja harmonia kuuluvat kaikkien uskontojen perusperiaatteisiin. Henkiset mestarit eivät koskaan ole opettaneet itsekkyyttä eivätkä rohkaisseet ihmisiä tappelemaan keskenään.

Nykyiset konfliktit ja ongelmat johtuvat uskonnollisten periaatteiden huonosta ymmärtämisestä.

Nykyaikana ihmiset elävät enemmän mielestään kuin sydämestään käsin. Mieli on luonteeltaan sotkeva. Se on itsekkyyden ja pahuuden asuinsija. Mieli on kaikkien epäilystemme tyyssija, ja äly on egon tyyssija. Mitä enemmän oleilet mielessäsi, sitä enemmän sinua kiinnostavat vain raha, maine ja valta. Et välitä muista, ajattelet vain itseäsi ja asemaasi. Sydämessäsi ei ole lainkaan tunteita. Äly saa sinut ajattelemaan: 'Minä, ja vain minä.' Mieli pitää sinut kaikenlaisten epäilysten ja kiintymysten kurimuksessa. Vailla uskoa, rakkautta ja myötätuntoa syntyy sisällesi helvetti.

Intellektuellit tekevät tulkintoja. Ihmiset uskovat noihin vääristyneihin tulkintoihin ja sitten he riitelevät. Juuri näin tapahtuu yhteiskunnassamme. Jokaisessa uskontokunnassa on älykköjä ja sitten on niitä, jotka kuuntelevat heitä. Älymystö tulkitsee pyhien kirjoitusten opetuksia ja pahaa aavistamattomat ihmiset joutuvat heidän määritelmiensä uhriksi siitä, mikä on totuus. Ja lopulta seuraa riita. Intellektuelleista tulee johtajia ja arvossapidettyjä neuvonantajia. Heidän seuraajansa pyhittävät heidät ja palvovat heitä Jumalana.

Todellisuudessa Jumala on tyystin unohdettu. Totuus ja uskonnon olennaiset periaatteet ovat jääneet täysin unohduksiin. Uskonnon ja uskonnollisten harjoitusten tarkoitus sivuutetaan. Ikävä kyllä useimmat uskonnot ovat intellektuellien johtamia. Vain sydän voi ohjata ihmistä, mutta sydän on jätetty sivuun. Vain sydämessä asuva todellinen mestari voi kertoa meille uskonnon viitoittamasta tiestä. Vain sellainen henkilö voi yhdistää ihmisiä, vain hän voi saada ihmiset ymmärtämään uskonnon ja sen periaatteiden todellisen merkityksen.

Kukaan sellainen, jolla on lainkaan todellista ymmärrystä todellisesta uskonnosta, ei voi syyttää uskontoa ja todellisia henkisiä mestareita nykyisestä uskonnon nimessä tapahtuvasta sekasorrosta. Se on älykköjen vika, ei heidän viattomien seuraajiensa. Vastuu kuuluu noille puolinaisille uskonnon opettajille, niin kutsutuille uskonnon soihdunkantajille, koska he johtavat ihmisiä harhaan. He haluavat takoa omat ideansa ja ilkeät katsantokantansa muiden ihmisten päähän. He ovat täynnä omia ideoita ja tulkintoja ja he haluavat ihmisten kuuntelevan heitä. Heidän egonsa kaipaa huomiota, ja heidän tunnustetuksi tulemisen tarpeensa vuoksi nämä äärimmäisen itsekkäät ihmiset ovat tehneet viattomista uskovista uhreja itselleen, egolleen.

Heidän viattomat seuraajansa uskovat täysin heidän sanoihinsa, heidän vääriin tulkintoihinsa. Ego on totta kai paljon voimakkaampi kuin mieli. Mieli on luontaisesti heikko. Egolla on päättäväisyyttä, kun taas mieli aina epäilee, on ailahteleva ja epävakaa. Älyllisillä tulkitsijoilla melkein kaikissa uskonnoissa on päättäväisyyttä vakuuttaa ihmisiä omista näkökulmistaan. Heidän valtavat egonsa ja heidän päättäväisyytensä voivat helposti saada minkä tahansa uskonnon heikolla mielellä varustetut seuraajat valtaansa. Täten he voittavat viattomat seuraajat puolelleen, jotka päätyvät taistelemaan heidän puolestaan.

Tuollaisilla älyköillä ei ole uskoa, rakkautta eikä myötätuntoa. Heidän mantransa on raha, valta ja maine. Siksi älä syytä uskontoa, henkisyyttä tai todellisia mestareita nykyajan ongelmista.

Henkisyydessä ja uskonnossa ei ole mitään väärää. Ongelma on ihmismielessä."
Lehtimies näytti ällistyneeltä. Hän oli jonkin aikaa hiljaa, ennen kuin esitti seuraavan kysymyksen.

Uskonto ja henkisyys

Kysymys: "Amma, ovatko uskonto ja henkisyys kaksi eri asiaa, vai ovatko ne sama asia?"
Äiti: "Henkisyys on uskonnon oikea nimi. Uskonto on ulkopuoli ja henkisyys sisäpuoli. Jos uskontoa verrataan hedelmän kuoreen, henkisyys on silloin sen sisältö – se todellinen hedelmä. Henkisyys on uskonnon ydin, todellisuudessa ne ovat yksi ja sama asia. Uskontoa ja henkisyyttä ei voi erottaa toisistaan, mutta vaaditaan oikeanlaista erottelukykyä ja ymmärrystä, jotta voisi läpäistä ulkokuoren ja päästä syvälle sisälle itse asiaan.

Ihmiset uskovat erheellisesti, että uskonto ja henkisyys ovat kaksi erillistä asiaa. Mutta ne ovat toisistaan riippuvaisia kuten keho ja sielu. Jos niitä tarkastellaan mielen ja älyn (egon) näkökulmasta, ne nähdään kahtena eri asiana. Kun mennään vähän syvemmälle, nähdään että ne ovat yksi.

Jos todellista uskontoa ja uskonnollisia tekstejä verrataan valtameren pintaan, henkisyys on kuin syvällä veden alla piilossa olevat helmet ja mittaamattoman arvokkaat aarteet. Todellinen aarre on syvällä sisällä.

Uskonnon ulkokuori, uskonnolliset tekstit ja pyhät kirjoitukset tyydyttävät älyä, kun taas henkisyys, joka on uskonnon ydin, antaa todellisen onnen ja mielenrauhan, sillä se tyynnyttää mielen. Etsintä alkaa aina ulkopinnalta, mutta sen on välttämättä huipennuttava uskonnon ytimeen. Vedoja, Upanishadeja ja muita pyhiä kirjoituksia lukemalla saatetaan saavuttaa jonkinasteista älyllistä tyydytystä. Ego on saanut näin ruokaa ja mieli jatkaa oikkuiluaan ja epävakaisuuttaan. Mutta tällä tavoin voidaan pikkuhiljaa siirtyä ulkoisesta uskonnollisuudesta sisäiseen. Kun etsintä uskonnon ulkopinnalla päättyy, käännymme sisäänpäin, ja siellä on henkisyys. Ulkopuoli ei voi antaa meille täydellistä onnea. Jonain päivänä etsijän on käännyttävä sisäänpäin kohti todellista lähdettä. Älyllinen onnellisuus ei voi tehdä meitä todella onnelliseksi. Saatat olla hetkellisesti vakuuttunut, mutta sitten epäilykset, kysymykset ja järkeily alkavat jälleen. Oletetaan, että saat kookospähkinän, mutta et ole koskaan aikaisemmin nähnyt sellaista. Olet kuullut, että se on hyvin terveellistä ruokaa ja että sen maito sammuttaa janon ihanasti. Pidellessäsi kookospähkinää kädessäsi katsot sen vihreää pintaa, joka näyttää hyvältä. Luulet sen ulkopintaa syötäväksi ytimeksi ja puraiset sitä. Pinta on niin kova, että ikenistäsi alkaa tulla verta ja hampaitasi särkee. Olet aikeissa heittää kookospähkinän pois, kun ohikulkija huomaa pulmasi. Hän sanoo: 'Ei, älä heitä sitä pois! Syötävä osa ja maito ovat sisällä. Avaa se ja näet sen.' Sitten mies poistuu. Jotenkin onnistut avaamaan ulkokuoren, jonka jälkeen paljastuu ruskeaa kuitua ja kova kuori. Luulet kuitua syötäväksi ytimeksi ja yrität pureskella sitä. Se on pehmeämpää kuin uloin kuori, mutta se maistuu kummalliselta. Sisempi kuori on niin kova, että ei kannata edes yrittää purra sitä. Syljet kuidun pois suustasi. Täysin turhautuneena aiot heittää kookospähkinän menemään, kun paikalle tulee toinen ohikulkija, joka on katsellut kamppailuasi. Hän ottaa kookospähkinän ja avaa sen sinulle. Juot sen suloista, virkistävää maitoa ja syöt sen lihaa ja tunnet olevasi täysin tyytyväinen. Lopultakin janosi on sammutettu ja nälkäsi tyydytetty.

Näin on käynyt uskonnon ja henkisyyden kanssa. Ulkopintaa pidetään sisäpuolena. Mutta ulkopinta on osa sisäpuolta. Ne ovat erottamattomat. Ulkopuoli on uskonto ja sisäpuoli henkisyys. Tämä voidaan selittää myös toisella tavoin. Ihmiskeho näyttää kauniilta, aivan kuten kookospähkinän kiiltävä ulkopinta. Ihmiset pitävät erheellisesti kehoa sieluna, *Atmanina*, ja koska he ovat hyvin kiintyneitä kehoon, he suuntaavat kaiken huomionsa siihen. Voidakseen tuntea Itsen, oman todellisen olemuksensa, on mentävä kehon tuolle puolen. Mutta kehon tuolla puolen on myös kehoa paljon hienovaraisempi ja monimutkaisempi mieli. Vailla kunnon ymmärrystä ihmiset uskovat myös mielen olevan *Atman*. Mielen ja sen hämmentävien ajatusten ylittäminen on paljon vaikeampaa. Mielen sisällä on vielä kovempi kuori, joka koostuu älystä ja egosta 'minä' ja 'minun' -tunteineen. Vasta sen jälkeen päästään käsiksi ytimeen, todelliseen sisältöön. Vain todellinen mestari voi opastaa sinut tuonne elämän sisimmän salaisuuden luo. Suurin osa ihmisistä on juuttunut joko kehoon, mieleen tai älyyn (egoon). Vasta sen jälkeen, kun nämä kolme kerrosta on ylitetty, voidaan päästä onnellisuuden todellisille asuinsijoille, todellisen uskonnon ydinolemukseen, joka on henkisyys.

Kuten kookospähkinän ulkokuori, voi ulkoinen uskonnollisuuskin kaikessa näkyvässä loistossaan vaikuttaa hyvin houkuttelevalta ja vetoavalta. Mutta et saa siitä oikeastaan mitään irti, saatat joutua jopa sen harhauttamaksi. Liiallinen ulkokuoreen kiintyminen saa aikaan vain lisää kipua, lisää ongelmia.

Ikävä kyllä ihmisillä ei ole silmiä, joilla nähdä todellisuus. Epätodellinen viehättää heitä paljon enemmän kuin todellinen, ulkoinen enemmän kuin sisäinen. He ovat hyvin kiintyneitä omiin ideoihinsa eivätkä välitä mistään muusta. He elävät omassa käsityksessään siitä, mitä uskonto on. Tämä taas on kaukana siitä, mitä todellinen uskonto on.

Lapset, Amma on kuullut seuraavan tarinan.

Turistiryhmä teki matkaa maaseudun halki, kun heidän bussinsa hajosi. Paikalliset asukkaat antoivat heille jotakin syötävää. Mutta tuntematon ruoka vaikutti heistä oudolta. He ajattelivat jopa, että ruoka saattaa olla pilaantunutta, ja vaikka he olivatkin nälkäisiä, he epäröivät syödä sitä. Juuri silloin sattui koira kävelemään ohitse. Turistit heittivät vähän ruokaa koiralle, joka hotkaisi sen pikavauhtia. He tarkkailivat koiraa nähdäkseen, kuinka se reagoisi. Mutta koira näytti nauttivan ruoasta, eikä kärsinyt mistään jälkiseurauksista. Seuraavana aamuna he saivat kuitenkin kuulla, että koira oli kuollut. Sen täytyi tarkoittaa, että ruoka oli kuin olikin pilaantunutta. Turistit olivat järkyttyneitä. Lyhyen ajan sisällä monet heistä sairastuivat ja he kärsivät ruokamyrkytyksen oireista. Paikalle kutsuttiin lääkäri.

Kun hänelle kerrottiin tilanne, hän alkoi tekemään tiedusteluja koirasta varmistaakseen kuolinsyyn. Eräs lähistöllä asuva henkilö tiesi, mitä koiralle oli tapahtunut. Hän sanoi lääkärille: 'Heitin koiran kuoppaan, koska se oli joutunut auton yliajamaksi.'

Uskonnon todellisuus on jotakin paljon korkeampaa kuin ihmisten käsitys siitä. Niin sanottu älymystö kaikissa uskonnoissa on opettanut ihmisille itse luomaansa uskontoa, heidän omia ideoitaan vastaavaa uskontoa, jolla on hyvin vähän tekemistä todellisen uskonnon ja sen keskeisten periaatteiden kanssa. He huijaavat ihmisiä panemalla heidät seuraamaan sisäisen sijasta vain ulkoista uskonnollisuutta. Jos uskontojen sisäinen ykseys tulisi ilmi, he eivät enää olisi niin merkittäviä kuin nyt eivätkä he enää saisi niin paljon huomiota osakseen. Heidän egonsa nääntyisi nälkään ja sitä he eivät kestäisi. Tästä syystä he korostavat ulkoisia eroja. Ja sitä paitsi, koska he itse ovat juuttuneita omaan älyynsä, he eivät kykene omaksumaan henkisyyden todellisia periaatteita. Jos he eivät ole sisäistäneet niitä, kuinka he kykenisivät opettamaan kenellekään henkisyyttä?

Kun ihmiset ymmärtävät uskonnon sisäisen merkityksen, he hylkäävät väärät uskonnolliset johtajat. He eivät enää hae näiden opastusta, koska he tietävät, että vain egon ylittänyt ihminen voi todella ohjata heitä kohti elämän todellista päämäärää.

Henkisyys on kaikkien uskontojen ydin. Jos uskonto ei pohjaudu henkisille periaatteille, se on kuin vahasta muovattu tekohedelmä. Sellainen uskonto on kuin tekojalka, vailla elämää. Se on kuin ontto hedelmä pelkkine kuorineen, ilman lihaa sisällään.

Kaikki uskonnot perustuvat henkisyyteen. Uskonto ei elä pitkään, jos henkiset periaatteet eivät ole sen pohjana.

Tätä voidaan verrata Brahmaniin (Absoluuttiin) ja ilmiömaailmaan. Maailma ei voi olla olemassa ilman Brahmania, sillä Brahman on perusta, jossa maailma on. Mutta Brahman on olemassa ilman maailmaakin. Samalla tavoin uskontoa ei voi olla olemassa ilman henkisyyttä, mutta henkisyys on olemassa ilman uskontoakin.

Tai tätä voidaan verrata kehoon ja sieluun (Atmaniin). Keho tarvitsee sielun voidakseen olla olemassa, mutta sielu on olemassa ilman kehoakin. Uskonto ja henkisyys ovat tosiasiassa yhtä. Jos niitä tarkastellaan oikeasta näkökulmasta oikealla ymmärryksellä, ne eivät ole kaksi eri asiaa."

6. luku

Äiti lopettaa Krishna-Bhavat

Lokakuun 18. päivänä 1983 Äiti ilmoitti, että hän aikoo lopettaa Krishna-bhavat. Tämä sai aikaan paljon murhetta monien Krishnan palvojien sydämessä. Äidillä oli tietenkin syynsä lopettamiseen. Hän sanoi: "Amma on täysin kiintymättömässä tilassa ollessaan Krishna-bhavassa. Tällöin hän ei tunne lainkaan myötätuntoa, eikä myöskään myötätunnon puutetta. Kaikki on vain tietoisuuden leikkiä. Tuolloin Ammaa ei kosketa eikä liikuta mikään. Mutta Devi-bhavassa asiat eivät ole lainkaan noin. Silloin hän on Äiti, joka välittää syvästi kaikista lapsistaan. Devi-bhavassa Amma tuntee pelkästään rakkautta ja myötätuntoa."

Äiti itse on monta kertaa sanonut olevansa niin ulkoinen kuin sisäinenkin Äiti. Ulkoinen Äiti ilmenee mitä myötätuntoisimpana ja rakkaudellisimpana, lapsistaan syvästi välittävänä Äitinä. Mutta sisäinen Äiti on kaikkien tuollaisten tunteiden tuolla puolen, kuin ääretön avaruus. Äiti sanoo: "Halutessaan Amma voi pysytellä tilassa, joka on kaiken tuolla puolen. Tuolloin mikään ei vaikuta häneen eikä kosketa häneen. Mutta sellaisesta ei ole paljon hyötyä kärsivien ihmisten ja yhteiskunnan kohottamisessa. Siksi Amma valitsee rakkaudellisen ja myötätuntoisen Äidin olomuodon."

Tieto Äidin päätöksestä lopettaa Krishna-*bhava* levisi nopeasti. Se oli järkytys monelle. Vaikka he kokivat hänen jumalallisuutensa sekä bhavojen aikana että muulloinkin, he olivat hyvin kiintyneitä *bhavoihin*.

Alkuaikoina Äiti oli hyvin leikkisä ja kujeileva ollessaan Krishna-*bhavassa*. Hän käyttäytyi aivan kuin Krishna, seuraajien suureksi iloksi. Mitä *mahatmaan* tulee, maailma on hänelle iloista leikkiä. Maailman moninainen ja ristiriitainen luonne ei vaikuta häneen lainkaan. Miksi mitään tällaista leikkiä pitää ylipäätään olla olemassa? Koska Jumala on luomakunnan yksinvaltias hallitsija, voidaan ihmetellä, mikä on tämän hänen leikkinsä (*liilan*) tarkoitus.

Äiti sanoi kerran: "Tarkoituksena on leikistä nauttiminen. Jumala on korkein hallitsija ja kaikkitietoinen todellisuus, mutta leikki voi olla leikkiä vain, jos tuo auktoriteetti on jätetty sivuun ja unohduksiin. Hetkenä, jolloin käytät arvovaltaasi, astut ulos leikistä, ja se lakkaa olemasta leikkiä.

Asia voidaan tulkita myös niinkin, että maailma vaikuttaa todelliselta vain siksi, että olemme kiintyneitä siihen. Kiintymys maailmaan saa sen vaikuttamaan todelliselta, kun taas kiintymättömyys tekee siitä suurenmoista leikkiä. Kiintymättömyyden tilassa ei ole arvovallan tunnetta. Luopuessasi kiintymyksestäsi oivallat kaiken olevan vain leikkiä ja liityt siihen mukaan."

Äiti kertoo tarinan valaistakseen tätä näkökulmaa.

"Pieni prinssi leikki piilosta lasten kanssa linnan pihalla. Prinssi etsi kuumeisesti ystäviään ja hän oli täysin rinnoin mukana leikissä nauttien siitä valtavasti. Hän juoksenteli sinne tänne yrittäen löytää ystävänsä, mutta hän ei löytänyt ketään. Eräs aikuinen pysäytti prinssin ja kysyi: 'Miksi näet niin paljon vaivaa yrittäessäsi löytää muut? He tulisivat näkyviin heti, kun vain komentaisit heidät esiin piiloistaan kuninkaallisella arvovallallasi.' Prinssi katsoi miestä osaaottavasti kuin miesraukka olisi ollut sairas ja sanoi: 'Mutta silloin se ei olisi enää leikkiä eikä se olisi hauskaa!'

Krishna-*bhavan* aikana Äiti on täysin kiintymättömässä tilassa. Silloin kaikki on leikkiä. Krishna-bhavan aikana ei käytetä arvovaltaa kun taas Devi-*bhavan* aikana Amma käyttää arvovaltaansa ja kaikkivoipaisuuttaan suojellakseen lapsiaan."

75

Tämä Amman leikkisyys Krishna-*bhavan* aikana sai aikaan sen, että ihmiset kiintyivät häneen valtavasti Krishnana, siitä huolimatta, että hän oli tuossa tilassa hämmästyttävän kiintymätön.

Eräs Krishna-*bhavan* täyttymyksellisimpiä hetkiä oli se, kun Äiti antoi paikalla olijoille *prasadia* antamalla näiden juoda *panchamritamia* suoraan hänen kämmeneltään. Hän nosti kämmenensä heidän huulilleen, ja kun joku heistä oli juuri avannut suunsa vastaanottaakseen prasadin, Äiti veti kätensä leikkisästi takaisin. Joillekin hän teki niin moneen kertaan peräkkäin, etenkin, jos he olivat Krishnan palvojia.

Joskus hänen nähtiin sitovan leikkisästi jonkin seuraajansa kädet yhteen. Oppilas oli tehnyt jonkin virheen, josta Äiti tiesi kaiken, vaikkei kukaan ollut kertonut siitä hänelle mitään. Kyseinen henkilö oli ehkä saattanut riidellä vaimonsa kanssa tai tehnyt jotakin vastoin Äidin antamia ohjeita. Oppilas olisi ollut hiiskumatta asiasta sanaakaan, mutta jäikin darshanissa kiinni.

Kerran eräs nuori mies lopetti tupakoinnin tavattuaan Äidin. Eräänä päivänä ollessaan tupakoivien ystäviensä seurassa hän kuitenkin joutui kiusaukseen polttaa jälleen. Himo kasvoi niin, ettei hän voinut vastustaa kiusausta, ja hän otti yhdet savut. Hänen omatuntonsa vaivasi häntä niin, että hän pidättäytyi enemmästä polttamisesta. Kun nuorukainen tuli seuraavan kerran Krishna-*bhava* -darshaniin, Amma hymyili hänelle kujeileva katse silmissään. Amma oli pitävinään savuketta etu- ja keskisormiensa välissä ja ottavinaan sauhut tuosta mielikuvitustupakasta. Nuori mies oli nolona ja vannoi Äidin edessä, ettei koskaan enää polttaisi ainuttakaan savuketta.

Erään toisen kerran Äiti peitti kankaalla isoäitinsä suun, koska *Acchamma* (isän äiti) puhui liikaa. Ja kerran hän sitoi erään seuraajansa silmät ja pani hänet kävelemään kolme kertaa temppelin ympäri, koska hän oli katsellut liikaa elokuvia.

Ammalla oli tapana leikitellä Krishnana erään vanhan, hyvin viattoman miehen kanssa. Mies oli vannoutunut Krishnan palvoja ja hänen uskonsa Äitiin oli järkkymätön. Äiti nautti kujeilusta tämän lapsenkaltaisen miehen kanssa. Mies oli seitsemissäkymmenissä ja hän oli niin huononäköinen, ettei hän nähnyt mitään ilman silmälasejaan. Kun hän tuli *darshaniin*, Äiti otti häneltä aina lasit pois päästä, ja tällöin mies vain nauroi ja nauroi niin pitkään, että sai silmälasinsa takaisin. Laitettuaan lasit kunnolla takaisin päähän hän eteni kohti Äitiä saadakseen hänen siunauksensa. Mutta yhtäkkiä Äiti ottikin jälleen hänen silmälasinsa. Joskus tämä toistui moneen kertaan, ja viaton vanha mies vain jatkoi nauramistaan. Jossain vaiheessa mies saattoi sanoa: "Oi Krishna, mitä tämä merkitsee? Minähän en voi nähdä sinua ilman silmälasejani." Ja sitten: "Sopii, voit pitää ne. Voit viedä nuo ulkoiset silmälasit ja hämärtää näköäni niin paljon kuin haluat, mutta et koskaan pääse karkuun sisäiseltä silmältä, tai sydämestäni. Olet vangittu sinne ikuisesti."

Joskus Äiti kaatoi miehen suuhun *panchamritamia* jatkuvana virtana. Mies ei milloinkaan sanonut saaneensa tarpeekseen, vaan hän vain nieleksi kaikki alas. Joskus Äiti syötti häntä niin nopeasti, että hän ei ehtinyt nielemään. Kun Amma Krishnana näki, että mies taisteli ja alkoi väsyä, hän nauroi suloisesti. Mutta tämän oli loputtava jossain vaiheessa, ja kun lopetuksen aika tuli, mies alkoi protestoida: "Miksi lopetit? Pidän siitä kovasti. Lisää! Haluan lisää! Anna kaikki minulle!" Ja joskus mies sanoi: "Oi Krishna, tiedätkö mitä? Rakastan käsiesi suloisuutta enemmän kuin minkään *panchamritamin*. Siksi en voi kieltää, kun syötät minua. Suloiset ovat kätesi, oi Herra."

Vanhuksella oli tapana laulaa Krishnaa ylistävää vanhaa sanskritinkielistä laulua *Adharam Madhuram* (Madhu-rashthakam) tullessaan Äidin darshaniin.

Adharam Madhuram

Huulesi ovat niin suloiset
Kasvosi ovat niin suloiset
Silmäsi ovat niin suloiset.
Ja hymysi on niin suloinen
Sydämesi on niin suloinen

Kävelet niin suloisella tavalla.
Oi Mathuran Herra
Koko olemuksesi on tavattoman suloinen.

Sanasi ovat suloisia
Kertomuksesi ovat suloisia
Ja vaatteesi ovat suloisia.
Jokainen liikkeesi on suloinen
Oi Vrindavanin Herra
Koko olemuksesi on tavattoman suloinen.

Sinun huilusi on suloinen
Kätesi ovat suloiset
Ja suloista on jalkapohjissasi oleva hiekka.
Sääresi ovat suloiset
Tapasi tanssia on suloinen
Ystävyytesi on suloinen.
Oi Mathuran Herra
Koko olemuksesi on tavattoman suloinen.

Jokaisen Krishna-*bhavan* lopussa, kun Äiti tanssi autuaallisesti, *brahmacharit* ja kaikki paikalla olijat lauloivat yleensä seuraavat *bhajanit*: *Krishna Krishna Radhe Krishna, Govinda Gopala Venukrishna, Mohana Krishna Manamohana Krishna, Murare Krishna Mukunda Krishna, Radhe Govinda Gopi*, sekä *Shyama Sundara*.

Äidin jumalallinen Krishna-mielentila oli tavattoman suloinen ja kohottava. Hän tuli aina tilaisuuden lopuksi temppelin oviaukkoon, jossa hän seisoi pitkän aikaa katsoen paikalla olijoita hymyillen heille. Samalla *brahmacharit* lauloivat nopearytmisiä Krishna-*bhajaneita*. Sitten Äiti tuli hitaasti ulos temppelistä kuistille. Hän kohotti molemmat kätensä kohti taivasta ja alkoi tanssia pitäen käsiään jumalallisessa *mudrassa*. Tämä pehmeällä tavalla suoritettu autuaallinen, ekstaattinen tanssi herätti katsojissa suurta rakkautta ja antaumusta. Tanssi kuljetti heidät ajassa taaksepäin Vrindavaniin, missä Krishna kisaili *gopien* kanssa. Äiti loi juuri samanlaisen

78

ilmapiirin ja samanlaiset värähtelyt tänne pieneen kalastajakylään seuraajien hyödyksi.

Seuraajat olivat hyvin kiintyneitä Krishna-*bhavaan*, koska se oli ensimmäinen Äidin ilmentämistä jumalallisista mielentiloista. Krishna-*bhavaan* liittyi niin paljon muistoja, ja seuraajien oli vaikea päästää irti. He kärsivät ja heidän ahdistuksensa näkyi selvästi heidän silmistään ja liikkeistään. Joka puolella *ashramia* ihmiset puhuivat Krishna-*bhava* –kokemuksistaan. Aiemmin mainitulla viattomalla vanhuksella oli monta tarinaa kerrottavana. Hän muisteli jatkuvasti, kuinka Krishna-*bhavat* alkoivat ja kuinka Äiti piti *bhava*-darshania meren rannalla. Hän puhui suurista vaikeuksista, joita heidän oli kohdattava alkuaikoina.

Seuraajat olivat niin järkyttyneitä, että *bhava*-päivinä useimmat heistä puhkesivat kyyneliin, ensin vasten Krishnan olkapäätä ja myöhemmin Devin sylissä. He rukoilivat Äitiä, ettei tämä lopettaisi Krishna-*bhavaa*. Siksi hän lopulta suostui ilmentämään Krishnaa kerran kuukaudessa. Seuraajien kohtaan tuntemansa rajattoman myötätunnon vuoksi hän ei voinut helposti sivuuttaa heidän rukouksiaan. Mutta lopulta hän lopetti Krishna-*bhavat* kokonaan. Lopettaminen tapahtui kuitenkin vasta, kun seuraajille oli kehittynyt parempi ymmärrys siitä, että Äiti on aina sama, oli hän sitten Krishna- tai Devi-*bhavassa*. Yhä suurempia ulottuvuuksia hänen äärettömästä olemuksestaan paljastui pikkuhiljaa hänen seuraajilleen.

Eräs henkilö, joka oli erittäin kiintynyt Krishna-*bhavaan*, kertoi *brahmachari* Balulle kokemuksestaan. "Laitan joka ilta lasillisen lämmintä maitoa kuvan eteen, jossa on Amma Krishna-*bhavassa*. Eräänä päivänä minulla ja vaimollani oli niin kova kiire lähteä *bhava-darshaniin*, että emme ehtineet jäähdyttää maitoa keittämisen jälkeen. Meidän oli ehdittävä Vallickavun bussiin, niinpä asetin kiehuvan kuuman maitolasillisen perhepyhäkössämme olevan kuvan eteen ja sitten lähdimme kiireesti bussipysäkille. Krishna-*bhava* oli jo alkanut, kun saavuimme *ashramiin*. Menimme vaimoni kanssa Amman luo, joka oli jumalallisessa Krishna-mielentilassa. Krishna katsoi meitä ja huudahti hymyillen: 'Katsokaa! Huuleni paloivat, kun join kuumaa maitoa!' Usko pois, Amman huulilla todellakin näkyi palojälki!" Kyyneleet valuivat pitkin miehen poskia hänen muistellessaan tapausta. Ääni juuttui hänen kurkkuunsa, eikä hän pystynyt enää puhumaan jouduttuaan hallitsemattoman tunteen valtaan.

Äidin *ashramissa* oli nyt syntymässä samanlainen tilanne kuin Vrindavanissa silloin, kun Krishna oli lähdössä pois sieltä. Mutta, kuten Äiti muotoilee asian: "Joskus tämä on Krishna ja joskus tämä on Devi. Mutta sekä Krishna että Devi ovat aina tässä hullussa tytössä." Tähän lausahdukseen kätkeytyy syvällinen opetus. Miksi huolehtia, kun keskuudessamme on Äiti, joka on todellisuudessa niin Krishna kuin Devikin. Äidin eri ilmenemismuodot eivät ole erillisiä, vaan ne kaikki ovat saman universaalisen todellisuuden ilmentymiä. Ja tuo perimmäinen todellisuus, joka on Äiti, josta kaikki muodot saavat alkunsa, on täällä suojelemassa ja ohjaamassa meitä. Siksi ei kannata huolehtia.

Eikä seuraajien ahdistus ja menetyksen tunne kestänyt pitkään, sillä heidän kiintymyksensä Äitiin oli paljon syvempään juurtunut kuin mikään muu vivahde asioissa.

Ennen kaikkea, Äiti itse on paljastanut kaikille, että hän on yhtä kaikkien näiden jumalallisten olemusten kanssa ja että hän voi niin tahtoessaan ilmentää mitä tahansa niistä milloin tahansa. Eräänä päivänä muutama kuukausi sen jälkeen, kun hän oli aloittanut kuukausittaisen Krishna-*bhava* -käytännön, hän istui Nealun, Balun, Venun ja Gayatrin kanssa Nealun majassa. Hän keskusteli Nealun kanssa, kun Nealu sanoi yhtäkkiä: "Amma, sinä olet minulle kaikki. Sinä olet Krishna, Devi ja kaikki muutkin jumaluusaspektit. Tiedän, että olet Krishna, Radha ja Devi. Olet totisesti Brahmanin ruumiillistuma. Mutta silti kaipaan joskus syvästi nähdä sinut Krishna-*bhavassa*."

Äiti katsahti Nealuun salaperäisesti hymyillen ja kysyi: "Nealumon (Poikani Nealu), haluatko todella nähdä Äidin Krishna-*bhavassa*?"

"Kyllä, todellakin haluan!", Nealu vastasi. Sanomatta sanaakaan Äiti tarttui Nealun puuvillashaaliin ja sitoi sen päänsä ympäri. Kääntäen kasvot jälleen kohti Nealua hän sanoi: "Katso!" Paikallaolijat olivat hämmästyneitä nähdessään Äidin näyttävän aivan samalta kuin Krishna-*bhavan* aikana. Tapa, miten hän piti käsiään pyhissä mudrissa ja kaikki hänen eleensä ja ilmeensä – loistavat silmät ja hymy – olivat täsmälleen samat. *Brahmacharit* ja Gayatri kumarsivat spontaanisti hänen edessään. Mutta tämä jumalallinen paljastus kesti vain muutaman sekunnin, ja Äiti jatkoi keskusteluaan Nealun kanssa.

Kerran *brahmachari* Pai halusi saada Äidistä kuvan, jossa hän meditoi tietyssä asennossa. Pailla oli muutama kuva Äidistä, mm. Devi- ja Krishna-kuvat. Toki hän piti niistä kaikista, mutta hän rakasti tuota kyseistä Amman olemusta erityisen paljon. Mutta tästä ei ollut valokuvaa. Pai halusi palavasti saada sellaisen valokuvan Äidistä, jossa hän meditoi tuossa tietyssä asennossa Devi-*bhava* -piithamilla tavallisissa valkoisissa vaatteissaan, hiukset nutturalla pään päällä ilman kruunua. Pai halusi myös Äidin pitävän käsiään klassisessa *abhaya-mudrassa*, joka ilmentää suojausta ja siunausta. Mutta kuinka hän voisi pyytää Ammaa poseeraamaan tietyssä asennossa, jotta hän voisi napsaista kuvan? Pai ei kertonut toiveestaan kenellekään.

Eräänä päivänä Pai ei kestänyt enää. Hän oli asiasta hyvin surullinen ja itki pitkän aikaa, kun Äiti yllättäen käveli häntä kohti. Hän hymyili ja sanoi: "Poikani, Amma tietää toiveesi. Älä huolehdi, Amma täyttää sen." Hän pyysi Paita seuraamaan häntä temppeliin. Hän istuutui Devi-*bhava* -piithamille juuri Pain toiveen mukaisesti. Samalla hetkellä hänen mielentilansa muuttui. Hänestä tuli kuin Devi, hän ilmensi juuri samoja jumalallisia tunnusmerkkejä kuin Devi-*bhavassa* ollessaan. *Brahmachari* Srikumar otti valokuvan ja Pain pitkään hellimä toive tuli näin täytetyksi. Tärkein näkökohta tässä tarinassa on Äidin kyky ilmentää milloin tahansa niin Krishnaa kuin Deviäkin, tai mitä tahansa muuta jumalallista mielentilaa. Tätä ei ole rajattu mihinkään tiettyyn aikaan tai paikkaan. Missä ja milloin tahansa hän päättääkin ilmentää noita mielentiloja, on siinä oikea paikka ja aika. *Ashramissa* asui alkuaikoina vain muutama *brahmachari.* He lauloivat Sri Lalita Sahasranamaa, Devin tuhatta nimeä Äidin istuessa tarkoitusta varten varatulla *piithamilla.* Mutta joskus Äiti istui mieluummin Devi-*bhava* -*piithamilla.* Hän täytti monta kertaa *brahmacharien* toiveen käyttämällä Devi-*bhava* -asua kruunu mukaan lukien. Tuon erityisen mantralaulannan aikana *brahmacharit* istuivat Äidin edessä puoliympyrässä ja suorittivat jumalanpalveluksen, joka kesti puolestatoista kahteen tuntiin. Koko tuon ajan Äiti oli syvässä *samadhissa.* Hänen ulkoinen olemuksensa oli tuolloin aivan samanlainen kuin Devi-*bhavassa.* Joskus Äiti jäi *samadhiin* vielä jumalanpalveluksen ja laulannan loppumisen jälkeenkin.

Äiti paljasti ykseytensä jumalallisen kanssa ja puhui siitä lukemattoman monet kerrat. Nämä paljastukset ja eräät syvälliset kokemukset antoivat *brahmachareille* ja muille syvemmän näkemyksen Äidin todellisesta olemuksesta. Tämä auttoi heitä saavuttamaan suuremman henkisen kypsyyden ja ymmärryksen.

Viimeinen säännöllinen Krishna-*bhava*-yö oli unohtumaton. Seuraajat yksi toisensa jälkeen puhkesivat kyyneliin vasten Krishnan olkapäätä. Sinä yönä laulettiin ainoastaan Krishna-*bhajaneita.* Kun varsinaiset Krishnalle kirjoitetut laulut loppuivat, *brahmacharit* valitsivat täynnä kaipausta olevia Deville omistettuja kappaleita ja muunsivat ne Krishna-*bhajaneiksi. Brahmachari* Venu oli kyynelissä koko Krishna-*bhavan* ajan. Kun hän havaitsi olevansa kykenemätön laulamaan, hän nousi ylös ja meni sisälle temppeliin. Äiti antoi hänen istua lähellään.

Eräs tuona yönä lauletuista lauluista antaa lukijalle jonkinlaisen kuvan siitä, minkälaista tuskaa Amman seuraajat kokivat. Laulu on

Povukayayo Kanna

Oi Kanna, oletko lähdössä?
Kaikki tässä maailmassa
ovat hylänneet minut.

Jätätkö sinäkin minut?

Oi Kanna,
haluan pitää sinut
sinisenä jalokivenä
sydämeni kammiossa
ja palvoa sinua siellä
joka päivä.

Oi Kanna,
salli minun kerätä rakkauden helmiä
sinisen valtameren syvyyksistä,
joka on sinun muotosi.

Ja kun tulet luokseni
autuaallisen linnun hahmossa,
elämäni kaipauksellinen lintu
kaipaa sulautua sinuun,
Oi Kanna.

Sinä yönä päättyivät säännölliset Krishna-*bhavat*. Mutta kuten jo aiemmin on kerrottu, Äiti jatkoi seuraajiensa vuoksi Krishnan ilmentämistä kerran kuukaudessa, kunnes marraskuussa 1985 hän lopetti senkin.

Päätämme tämän kappaleen Äidin sanoihin: "Ihmiset kutsuvat tätä Krishnaksi, Deviksi, Shivaksi, Äidiksi ja guruksi, kukin uskonsa mukaan. Amma ei ole mikään näistä, ja samalla hän on kaikki. Mutta hän on myös niiden tuolla puolen. Koko maailmankaikkeus on pieni kupla hänen sisällään."

ॐ

7. luku

Eräs Amman seuraaja, joka asui neljä kilometriä etelään ashramista, oli kutsunut Amman kotiinsa. Amma oli vastannut myöntävästi.

Tänä iltana noin kello kymmeneltä, ilta*bhajaneiden* jälkeen Äiti lähti matkaan *brahmacharien* Balu, Srikumar, Pai, Venu ja Rao sekä Damayantiamman, Harshanin, Sathishin ja kahden muun naapurustossa asuvan naisen kanssa. He kävelivät pitkin merenrantaa kohti määränpäätään. Yö oli kaunis. Oli täyden kuun aika ja Arabianmeri kimmelsi kuunvalossa. Aallot värähtelivät pyhää *om*-mantraa. Kuu piiloutui aina silloin tällöin pilvien taakse, jolloin tuli pimeää. Mutta pian maanpinta kylpi jälleen kuun maidonhohtoisessa valossa.

Ryhmä eteni hitaasti merenranta oikealla puolellaan. Matkan alussa kukaan ei puhunut mitään. Noin puolen kilometrin kävelyn jälkeen Äiti siirtyi yllättäen alueelle, jossa laineet löivät maihin. Hän seisoi siellä katsellen kohti läntistä taivaanrantaa. Laineet pesivät hänen pyhiä jalkojaan toinen toisensa jälkeen, aivan kuin meri olisi halunnut tehdä niin mahdollisimman monta kertaa ennen kuin hän jatkaisi matkaansa.

Laaja ja syvä kuin valtameri

Äidin seistessä siinä muutama sana lipsahti hänen huuliltaan. Hän sanoi: "Meri on valtava ja laaja, mutta se on myös syvä. Sen laajuuden voi jossain määrin nähdä ja kokea, kun taas sen syvyys on näkymättömissä, normaalin näkökyvyn tavoittamattomissa. Sen kokeakseen on sukellettava syvyyksiin. Mutta siihen tarvitaan itsensä pois antamista, rohkeutta ja seikkailumieltä."

Äiti oli hiljaa tämän jälkeen ja seurue jatkoi matkaa kohti etelää. Matkalla eräs *brahmachareista* kysyi: "Amma, mitä tarkoitat sillä, mitä sanoit äsken veden rajassa seisoessasi?"

Äiti vastasi: "Lapset, te voitte kokea *mahatman* rakkauden, myötätunnon, itsensä pois antamisen ja muut jumalalliset ominaisuudet. Voitte kokea suuren sielun seurassa näitä ominaisuuksia laajalti. Tätä voidaan verrata valtameren laajuuden näkemiseen. Laajuuden voi havaita jossain määrin, ei kuitenkaan kaikkea. Näet siitä aavistuksen, mitättömän pienen osan, joka ei ole oikeastaan mitään. Mutta vaikka näet siitä vain pikku hitusen, sen ansiosta kykenet käsittämään, että valtameri on tavattoman laaja.

Valtameri on syvä ja laaja. Syvyys on sisäistä ja laajuus ulkoista. Kokemaamme *mahatman* rakkautta ja myötätuntoa voidaan verrata valtameren laajuuteen. Rakkaus ja myötätunto ovat ulkoisia ilmentymiä, jotka antavat kouriintuntuvia kokemuksia siitä, mitä löytyy sisältä. Mutta koska emme osaa olla lapsen lailla avoimia, koemme *mahatman* vuodattaman rakkauden ja myötätunnon vain osittain. Saamme vain häivähdyksenomaisen tuntuman hänen jumalallisiin ominaisuuksiinsa. Mutta se, mitä sisällä on, hänen sisäinen mittamaton syvyytensä, on kuin valtameren syvyys. Emme näe sitä. Jotta tuon syvyyden voisi kokea, on mentävä pinnan alle ja tuolle puolen. On nähtävä ulkoisesti ilmentyneen rakkauden tuolle puolen."

Kumarra syvään ja opi tuntemaan syvyys

"*Mahatman* ulkoisesti ilmenevä olemus on taatusti kaunis ja vaikuttava. Ulkoinen yhteydenpito hänen kanssaan on suhteellisen helppoa, kun taas sisäinen yhteys ei ole niin helppo. Näitä voidaan verrata uimiseen ja sukeltamiseen. Meressä uiminen on miellyttävä ja riemastuttava kokemus. Mutta sukeltaminen voi olla kokemuksena paljon suurempi. Se on seikkailu. Sukeltaessasi siirryt aivan erilaiseen kokemusmaailmaan. Aiot tutkia valtameren tuntemattomia, salaisia valtakuntia. Sen toteuttaminen vaatii suurempaa ponnistusta kuin pelkkä pinnalla uiminen. Sinun on pidätettävä hengitystäsi ja kumarrettava syvään valtameren edessä siirtyessäsi pinnan alle. Näin antaudut valtamerelle. Ja antauduttuasi valtameri paljastaa sinulle kätketyt aarteensa. Tähän saakka olit nähnyt vain meren kauniin pinnan etkä tullut ajatelleeksi, että pinnan alta saattaisi löytyä vielä paljon kauniimpia tutkimattomia alueita. Sukeltaessasi syvemmälle ja syvemmälle huomaat, että haluat nähdä enemmän ja enemmän. Haluat kokea yhä enemmän sen syvyyksiä. Tiedonjanosi on sammumaton. Ja niin sukellat syvemmälle, kunnes saavutat valtameren pohjan.

Samalla tavoin rakkaus ja myötätunto, joita *mahatma* ilmentää, ovat epätavallisen kauniita. Ne ovat vertaansa vailla. Maan päältä ei löydy mitään vastaavaa. Mitäpä voidaan näin ollen sanoa hänen sisäisen itsensä kauneudesta! Se on täysin sanojen tavoittamattomissa. Jotta noiden mittaamattomien syvyyksien kätketyn kauneuden voisi kokea, on mentävä *mahatman* kehon tuolle puolen, pinnalla näkyvän rakkauden ja myötätunnon tuolle puolen. Jotta voisi päästä sinne, mitä ei voi ilmaista, on mentävä kaikkien ilmaisumuotojen tuolle puolen. Voidakseen mennä pinnan alle ja päästäkseen *mahatman* ulkoisen olemuksen yli on kumarrettava ja antauduttava hänelle täysin nöyränä. Aivan kuin tekisit syvän sukelluksen valtamereen. Antautuessasi täydellisesti *mahatma* paljastaa sinulle sisäisen olemuksensa.

Mahatman rakkaus on sanojen tavoittamattomissa. Rakkaus, jonka näet ja koet on tietysti syvää ja voimakasta, mutta tuokin syvyys ja voimakkuus on vain mitättömän pieni häivähdys siitä, mitä hän todella on: ääretön. Kun jokin on ääretöntä, voit puhua tai kirjoittaa siitä loputtomiin pääsemättä koskaan tyydyttävään selitykseen, koska sillä ei ole rajoja. Se on laajempi kuin maailmankaikkeus.

Rakkauden ja myötätunnon ruumiillistumana *mahatma* on kärsivällinen kuin maa. Mutta voidaan sanoa, että myös *mahatman* viha on aivan yhtä syvää kuin hänen ilmentämänsä rakkaus, myötätunto ja kärsivällisyys."

Äiti lakkasi puhumasta. Kello oli melkein yksitoista yöllä. Joitakin kalastajia kuljeksi vielä rantahietikolla, jotkut makasivat maassa ja nukkuivat. Kuunvalo paljasti ryhmän kalastajia istuvan puhumassa ja juoruilemassa. Kun kuu meni pilveen, heistä näkyi ainoastaan heidän *biidiensä* palavat päät. Jotkut vaeltelevista ihmisistä tulivat lähemmäksi katsomaan näin myöhään liikkeellä olevaa ryhmäämme. Kun he näkivät tuttuja kasvoja, he kääntyivät takaisin sanomatta sanaakaan.

Eräs näistä uteliaista sattui olemaan Amman seuraaja. Kun hän huomasi, että kyseessä oli Amma ja *brahmacharit*, hän innostui suuresti. Hän huudahti: "Ai, sinäkö se oletkin, Ammachi? Mihin olet menossa tähän aikaan yöstä?" Hän huusi vaimolleen ja lapsilleen: "Tulkaa tänne! Tulkaa katsomaan kuka täällä on!" Vaimo ja heidän kolme tytärtään tulivat hetkessä paikalle. He kaikki olivat innoissaan nähdessään Amman ja muut. He kutsuivat Äidin majaansa. Äiti torjui pyynnön kohteliaasti ja rakkaudellisesti sanoen: "Lapset, Amma on nyt jo myöhässä. Olemme kävelleet liian hitaasti, koska puhuimme henkisistä asioista ja lisäksi vietimme aikaa seisoen rannalla. Amma on pahoillaan. Hän tulee joskus toiste." Mies nuhteli lievästi vaimoaan siitä, että tämä oli kutsunut Äidin tuolla tavoin käymään. Hän sanoi: "Miten sinä nyt noin? Näinkö Ammachi kutsutaan kotiimme? Vaikka Ammachi onkin tavoiltaan hyvin vaatimaton, meidän pitäisi kutsua hänet perinteisellä tavalla, eikä siten kuin naapuri tai ystävä kutsutaan."

Nainen oli hämmennyksissä ja sanoi puolustelevaan sävyyn: "Olen kouluja käymätön ja lukutaidoton. En tunne mitään perinteitä. Ammachi tietää sen ja antaa minulle varmasti anteeksi, jos olen tehnyt virheen."

Äiti kääntyi miehen puoleen ja sanoi: "Poikani, ei se mitään. Siellä, missä on todellista rakkautta, ei *acharoita* (perinteisiä tapoja) tarvitse noudattaa. Hänen kutsunsa oli viaton. Rakkautta suurempaa *acharaa* ei ole olemassakaan."

Äiti kääntyi naisen puoleen ja halasi häntä sanoen: "Älä huolehdi, tyttäreni. Ota rauhallisesti. Amma tulee käymään luonanne sitten, kun hänellä on aikaa. Mutta tänään Amma ei voi tulla." Äiti ei unohtanut ilmaista rakkautta pariskunnan tyttärillekään. Hän oli tekemässä lähtöä, kun mies huusi perään: "Ammachi, saanko tulla mukaanne?"

Äiti sanoi hänelle: "Tietysti, poikani, voit tulla." Vaihtamatta edes puhdasta *dhotia* ylleen mies alkoi seurata Äitiä.

Ryhmä jatkoi matkaansa valtameren aaltojen kohinan ja viileän länsituulen saattamana. Äiti katseli kävellessään merelle. Meri kimmelsi kuunvalossa mustana ja sinisenä.

Kuin Pralayagni – maailmankaikkeuden tuhoutumisen tuli

Heidän taivaltaessaan joku esitti kysymyksen: "Amma, sanoit, että *mahatman* viha on yhtä syvä kuin hänen kärsivällisyytensä, rakkautensa ja myötätuntonsa. Mitä tarkoitat sillä?"

Äiti jatkoi jonkin aikaa merelle katselemistaan, ja vastasi sitten: "Lapset, *mahatman* viha on kuin *pralayagni*, maailmankaikkeuden tuhoutumisen tuli. Se on hirvittävä kuin lopullinen tuho. *Mahatma* on yhtä äärettömyyden kanssa, joten myös hänen vihallaan on äärettömät mittasuhteet. Et saata kuvitella sen voimakkuutta. Sillä on voima tuhota koko maailma. Aivan kuin lukemattomia ydinpommeja laukaistaisiin samanaikaisesti. Sen liekit voivat niellä koko maailman.

Kun maailmankaikkeuden Äiti - rakkauden ja myötätunnon ruumiillistuma, joka rakastaa ja pitää huolta koko luomakunnasta – vihastui, hänestä tuli Kali, ja hänen vihansa oli hirveä kuin *pralayagni*, maailmankaikkeuden tuhoutumisen tuli. Koko maailmankaikkeudesta olisi tullut vain kourallinen tuhkaa, elleivät taivaalliset olennot olisi puuttuneet asiaan.

Maailmankaikkeuden Äidin vihastuminen on häikäisevä näky – kuin miljoonat auringot räjähtäisivät samanaikaisesti. Kuka kykenee kestämään sellaista? Vain sellainen, jolla ei ole egoa ja joka on täysin antautunut, voi kestää sen. Kalin vihan äärettömän voiman voi kestää vain sellainen, joka on ylittänyt kehotietoisuuden. Toisin sanoen vain tietoisuus puhtaassa, liikkumattomassa muodossaan kykenee kestämään sen. Universaalin Äidin viha on, niin sanotusti, tietoisuuden väkivaltainen myrsky. Sen saattaa kohdata vain täysin liikkumaton energia. Tätä kuvaa maassa makaava Shiva Kalin purkaessa kaiken raivonsa tanssimalla Shivan päällä.

Kalin raivo on *rajasia* äärimmäisessä muodossaan. Se on kosmisen energian räjähdys kaikessa voimassaan ja loistossaan. Se on kuin miljoonan atomipommin räjähdys. Mutta edes tämä vertaus ei kykene kuvaamaan sitä. Tämän energian räjähdyksen voi tasapainottaa vain *sattvinen* energia, Shiva.

Muistelkaa, kuinka Sri Rama hurjistui, kun valtameri ei vastannut hänen rukouksiinsa. Rama oli istunut merenrannalla kolmen päivän ajan ja suorittanut ankaria harjoituksia miellyttääkseen merta, jotta meri asettuisi ja Rama voisi rakentaa sillan sen yli. Ravana oli kaapannut Raman pyhän puolison Sitan ja Rama halusi päästä meren yli Lankaan, jossa Ravana asui. Tarkoituksena oli pelastaa Sita Hanumanin ja Sugrivan johtaman apina-armeijan avulla. Mutta meri ei asettunut. Se jatkoi valtaisien aaltojen nostattamista ja oli myrskyisämpi kuin koskaan.

Rama oli Korkein Jumala itse, koko luomakunnan mestari. Hänen ei olisi tarvinnut olla nöyrä minkään olentonsa edessä, eikä hänen olisi tarvinnut olla niin nöyrä merta kohtaan. Hän käyttäytyi nöyrästi, koska hän halusi antaa esimerkin. Suuressa eepoksessa *Ramayanassa* kuitenkin kerrotaan, kuinka valtameri tällöin ylpistyi. Tämä sai Raman raivostumaan hirvittävästi, eli hän komensi raivon tulemaan. Hän nousi ylös kauhistuttavassa muodossa, otti suuren jousensa ja asetti nuolen siihen sanoen: 'Olen yrittänyt olla nöyrä ja kärsivällinen noudattaen luonnonlakeja. Mutta älä pidä sitä heikkoutena minun taholtani. Tällä yhdellä nuolella voin kuivattaa kaiken vetesi ja tuhota kaikki elävät olennot sisälläsi. Teenkö sen, vai asetutko?' Ja valtameri asettui. Rama oli korkeimman kärsivällisyyden ja anteeksiantavaisuuden perikuva. Hän oli antanut anteeksi jopa äitipuolelleen Kaikeyille, joka oli ollut tavattoman julma häntä kohtaan. Mutta nyt, kun hän vihastui, hänen vihansa oli yhtä syvä kuin hänen kärsivällisyytensä. *Ramayana* kuvaa, kuinka Rama seisoi jousi ja nuoli kädessään valmiina haastamaan meren, ja näytti kuolemanjumalalta, lopullisen tuhon tulelta."

Inhimillisen olemassaolon korkein taso

Äiti jatkoi: "Itseoivallus on inhimillisen olemassaolon korkein huipentuma. Se on keskittyneisyyden (yksipisteisyyden) päätepiste. Mikään ei ylitä sitä. Tuollaisen keskittyneisyyden syvyys ja energia on tavattoman läpitunkeva. Itsen oivaltanut sielu on käyttänyt tuota keskittymisen voimaa tunkeutuakseen maailmankaikkeuden syvimpään salaisuuteen, Brahmanin mysteeriin. Hänestä on tullut tuossa perimmäisessä oivalluksen tilassa keskittymisen mestari ja hän voi halutessaan keskittää ja suunnata energiansa mihin tahansa, milloin tahansa. Todellinen mestari ei koskaan käytä voimaansa mihinkään tuhoavaan tarkoitukseen. Hän käyttää sitä vain maailman hyväksi, yhteiskunnan kohottamiseksi. Mutta muistakaa, että hän voi käyttää sitä myös oppitunnin antamiseksi koko ihmiskunnalle. Itsen oivaltanut mestari on yhtä kosmisen energian kanssa ja tuo energia on ääretön. Hän voi vapauttaa sen, pidättää sitä tai tehdä sillä mitä hyvänsä hän vain tahtoo. Hän voi päättää vapauttaa joko positiivista tai negatiivista energiaa. Mutta silloinkin, kun hän vapauttaa energiaa näennäisen kielteisesti, se tapahtuu maailman hyväksi. Se tapahtuu vain opetuksen antamiseksi jollekulle.

Vapauttaapa hän myönteistä tai kielteistä energiaa, se johtaa haluttuun lopputulokseen. Kummassakin tapauksessa voima on ääretön, sanojen tavoittamattomissa. Aivan kuten *mahatman* rakkaus ja myötätunto ovat sanoinkuvaamattomia, on myöskin hänen vihansa sanojen tuolla puolen. *Mahatman* syvyys on mittaamaton." Äidin sanat tuovat mieleen laulun *Ananta Srishti Vahini,* jonka on kirjoittanut eräs hänen seuraajistaan. Se kuvaa Äidin äärettömiä mielentiloja.

Ananta Srishti Vahini

Tervehdys Sinulle,
oi Suuri Jumalatar,
luomakunnan perusta
äärettömine olomuotoinesi,
joka tanssit ikuisesti
perimmäisyyden tanssia.

Tervehdys Sinulle,
oi iankaikkisesti loistava
ikuisen autuuden Äiti, joka poistat
yön pimeyden hiljaisuuden.

Kumarran Sinulle,
oi Bhadrakali,
Devin hurja olomuoto,
kaiken suotuisan alku ja juuri,
joka läpäiset kaiken tietoisuuden
ja olet täynnä myötätuntoa.
Sinä olet se, joka
häivyttää yksilön.

Kumarran Sinulle,
jonka olemus on kuin kolmio
ja jolla on kolme silmää,
joka pitää kädessään kolmikärkeä
ja jolla on kaulallaan pääkallokaulanauha.
Oi Bhairavi,
sinä lahjoitat meille onnen

ja elät ruumiiden polttopaikoilla.

Kumarran Sinulle,
oi Chandika,
sinä ikuisesti kasvava,
pelottava ja loistava,
äärettömän voimakas,
joka heilutat viuhuvaa miekkaasi.

Kumarran Sinulle,
oi säteilevä
Jumalatar Chandika.
Olet Shankari,
voimasi on ääretön.
Sinä annat kaikki joogat
ja kuolemattomuuden.

Äiti ryhmineen saapui talolle kello 23.15. Koko perhe odotti innolla Äidin tuloa ja he olivat suunniltaan ilosta hänen saapuessaan. Perheen pää vaimonsa kanssa vastaanotti Amman perinteisin menoin, jotka käsittivät *pada pujan* (pyhien jalkojen pesun) ja *aratin* (tuliseremonian). Sitten he kaikki kumartuivat Äidin jalkoihin. Äiti ilmaisi tuttuun tapaansa rakkautensa ja hellyytensä kaikille perheenjäsenille, ja he olivat todella onnellisia. Perheen nuorimmainen, hädin tuskin neljävuotias poika, tanssi riemukkaasti huutaen kovaan ääneen: "Amma on tullut! Jee, Amma on tullut meille!" Amma kutsui pojan luokseen ja suukotteli häntä. Tämän jälkeen poika näytti vieläkin iloisemmalta.

Jumalanpalvelus aloitettiin keskiyöllä ja se kesti aamukahteen. *Pujan* jälkeen Äiti meni ulos ja istui talon takapihalle katsoen merelle. Hiljaisuus vallitsi lukuun ottamatta meren ääntä. Meri lauloi ikuista hymniään ja Äiti keinui valkoisessa sarissaan kuunvalossa hiljaa puolelta toiselle.

Myös perhe ja *ashram*-ryhmä tuli ulos. Kaikki istuutuivat jonkin matkan päähän Äidistä katsomaan häntä. Kukaan ei halunnut mennä kovin lähelle, sillä he tiesivät, että Äiti iloitsi omassa yksinolon maailmassaan.

Myötätuntoinen Äiti

Paluumatka aloitettiin klo 2.30. Matkan aikana ei puhuttu paljoakaan, mutta Äiti lauloi muutaman *bhajanin*. Kun he saapuivat rannalla ryhmään liittyneen miehen talolle, mies astui eteenpäin hyvästelläkseen Äidin. Hänen suureksi yllätyksekseen Äiti kääntyi hänen taloaan kohti ja sanoi: "Amma tulee mukaasi." Mies meni hetkeksi mykäksi ja jähmettyi paikoilleen. Hän seisoi siinä kivettyneenä kuin patsas. Hän melkein huusi innosta: "Mitä! Tuletko sinä meille!" Pian hänen nähtiin juoksevan täyttä vauhtia kotiinsa. Hän jyskytti ovea ja huusi vaimoaan ja lapsiaan. Hän oli valtavassa kiireessä eikä tiennyt mitä tehdä. Hän juoksenteli edestakaisin talonsa edessä kutsuen vaimoaan ja lapsiaan yhä uudestaan ja uudestaan. Muutamassa sekunnissa koko perhe oli hereillä. He olivat todella pelästyneitä. He eivät voineet ymmärtää, miksi mies piti sellaista meteliä tähän aikaan aamuyöstä. Vaimo laukoi yhdellä hengenvedolla useita kysymyksiä miestä kohti. "Mitä sinulle on tapahtunut! Miksi huudat tuolla lailla! Etkö mennytkään Ammachin kanssa?" Myös naapuri oli herännyt meteliin. Hän huusi talonsa kuistilta: "Ystävät, mitä tapahtuu? Haluatteko, että tulen sinne?"

Tässä vaiheessa Äiti oli ehtinyt etupihalle. Vaimon huomatessa Äidin hän seisahtui ja jäi töllöttämään suu auki. Myös lapset olivat hölmistyneitä. Nainen ei pystynyt aluksi puhumaan. Sitten hän puhkesi kyyneliin ja painoi päänsä Äidin olkapäätä vasten. Mies oli jo kumartunut Äidin jalkojen juureen ja itki kuin lapsi. Äiti nosti hänet ylös ja painoi hänen päänsä toiselle olkapäälleen. Vaimo onnistui sanomaan kyyneltensä läpi: "Ammachi, näenkö minä unta? Voi hyvä Jumala, millaista *liilaa* tämä on! Sinun olisi pitänyt kertoa, että aiot tulla paluumatkalla luoksemme. Olisin tehnyt kaiken valmiiksi ja odottanut sinua! Nyt talossa ei ole mitään. Edes öljylamppua ei ole sytytetty! Oi Amma, miksi tämä *liila* kanssamme?" Nainen itki hillittömästi. Äiti yritti lohduttaa häntä sanoen: "Tyttäreni, Amma ei ole vieras. Hän on Äitisi. Ei häntä varten tarvita mitään erityisjärjestelyjä. Rakkautesi häntä kohtaan on enemmän kuin tarpeeksi, ei ole mitään syytä huoleen. Mitä tahansa vain omin käsin tarjoatkin, on kuin ambrosiaa Ammalle. Älä itke!" Mutta viaton nainen ei pystynyt lopettamaan itkemistä. Lopulta Äiti otti aloitteen omiin käsiinsä ja käveli sisälle kädet naisen ympärillä.

Heidän majansa käsitti kaksi huonetta ja pienen keittiön. Äiti meni suoraan keittiöön nainen, mies ja kolme tytärtä perässään. Muut jäivät odottamaan ulos. Äiti kävi läpi keittiön, hän etsi pannuista ja kattiloista, mutta mitään ei löytynyt. Samalla vaimo voivotteli: "Mikä vahinko! Talossa ei ole mitään syötävää!" Lopulta Äiti löysi nurkasta *tapioka*-juurikkaan. "Aah, tämä on enemmän kuin tarpeeksi!" Hän nosti juurikkaan maasta ja puraisi siitä kävellessään ulos keittiöstä.

Harshan oli ottanut mukaansa kassillisen friteerattuja makupaloja edellisestä talosta. Äiti alkoi syöttää niillä perhettä omin käsin. Heidän riemullaan ja kiitollisuudellaan ei ollut rajoja. Nainen alkoi laulaa kyynelsilmin *bhajania Ammayalle Entammayalle*, ja kohta koko perhe lauloi mukana.

Ammayalle Entammayalle

Etkö olekin Äitini?
Oi, etkö olekin rakas Äitini,
joka pyyhkii pois kyyneleeni?

Oi kaikkien neljäntoista maailman Äiti,
maailman Luoja,
olen kutsunut Sinua loputtomasti!
Oi Shakti,
etkö tulisi luokseni?

94

Oi Sinä, joka haluat antaa
meille kaiken, mitä haluamme,
Sinä, jossa luominen,
ylläpito ja tuhoaminen tapahtuvat,
olen kutsunut Sinua loputtomasti!

Oi Sinä Isä ja Äiti,
kaikki viisi elementtiä ja maa,
olen kutsunut Sinua loputtomasti!

Vedat ja muut pyhät kirjoitukset,
todellinen tieto ja Vedanta,
alku, keskivaihe ja loppu,
ne kaikki ovat Sinussa.
Olen kutsunut Sinua loputtomasti!

Vietettyään vielä muutaman minuutin perheen kanssa Äiti palasi *ashramiin.*

ॐ

8. luku

Opi voittamaan ikävystyminen

Eräs vierailija, joka oli kuuluisa kyselevästä luonteestaan, kysyi Äidiltä: "Amma, suurin osa ihmisistä kyllästyy, kun he tekevät samaa työtä, samaa asiaa päivästä toiseen. Siksi ihmiset haluavat muuttaa elämänsä, he haluavat kokeilla uutta työpaikkaa, ostaa uusia tavaroita jne. Mutta Amma, sinä teet samaa työtä joka päivä, otat ihmisiä vastaan darshanissa. Eikö sinua koskaan kyllästytä toistaa samaa rutiinia yhä uudestaan ja uudestaan?"

Äiti vastasi: "Poikani, vain ihmiset kyllästyvät asioihin, mutta ei Jumala. Jumala ei koskaan ikävysty. *Mahatma* on itse Jumala ihmiskehossa, ja hän on ikuisesti asettunut absoluuttiin, Brahmaniin. Hän kokee jatkuvasti ihmetystä ja uutuuden tuntua asioihin suhtautumisessaan ja kaikissa teoissaan. Hän on kaikkialla läsnäoleva tietoisuus, joka loistaa kaikessa ja kaikesta. Siksi hän ei voi kyllästyä.

Kyllästyminen ja tylsyyden tuntu esiintyvät vain siellä, missä vallitsee kaksinaisuuden tunne, 'sinä' ja 'minä', missä henkilö uskoo olevansa erillinen olento. Mutta jos olet kaikki, kuinka voisit koskaan kyllästyä? Ykseyden tunne koko maailmankaikkeuden kanssa poistaa sellaiset tunteet. Kun olet tyytyväinen omassa Itsessäsi, kaikki ikävystyminen katoaa.

Mahatma on kuin puhdas, kristallin kirkas järvi, jonka kalliopohjassa suihkuaa loppumaton lähde. Se on vakaa ja muuttumaton ja kuitenkin se tuottaa jatkuvasti kirkasta, puhdasta vettä. Lähde on loppumaton, se ei koskaan kuivu. Se on ikuisesti täysi ja antaa kaikkien juoda itsestään.

Mahatma tietää olevansa muuttumaton ja tuhoutumaton Atman, tai Brahman, koko maailmankaikkeuden tosiolemus. Tämä tieto tekee hänet vakaaksi ja liikkumattomaksi sisäisesti. Hän on myös rakkauden ja myötätunnon ehtymätön lähde. Kun olemassaolosi juuret ovat puhtaassa rakkaudessa, kuinka voisit mitenkään ikävystyä? Vain kun et rakasta, voit ikävystyä. Todellisessa rakkaudessa ei ole erossa olemisen tuntua. Rakkaus vain virtaa. Jokainen, joka haluaa sukeltaa siihen, hyväksytään sellaisena kuin hän on. Ehtoja ei aseteta. Jos haluat hypätä virtaan, sinua ei torjuta. Mutta jos et halua tehdä sitä, mitä rakkauden virtakaan voi silloin tehdä? Virta on siellä, missä ennenkin. Se ei milloinkaan sano 'ei'. Se sanoo jatkuvasti: 'kyllä, kyllä, kyllä…'

Sano elämälle 'kyllä'

Hyväksyminen tarkoittaa sitä, että sanoo kaikelle 'kyllä'. Elämässäsi saattaa mennä kaikki pieleen, mutta silti huomaat sanovasi: 'Kyllä, hyväksyn.' Joki sanoo jokaiselle 'kyllä'. Koko luonto sanoo 'kyllä', paitsi ihmiset. Ihminen voi sanoa sekä 'kyllä' että 'ei'. Joskus hän sanoo 'kyllä' mutta enimmäkseen 'ei'. Hän ei näe elämää lahjana. Hän näkee elämän oikeutena ja hän pitää myös onnellisuutta oikeutenaan. Kun näet elämän ja kaikki sen mukanaan tuomat asiat arvokkaana lahjana, kykenet sanomaan kaikelle 'kyllä'. Toisaalta, jos pidät kiinni tavastasi nähdä sen oikeutenasi, silloin et voi sanoa 'kyllä' – pystyt sanomaan vain 'ei'. Tällöin kaikki menee väärin. Jos aina sanot elämälle ja kaikille sen mukanaan tuomille kokemuksille 'ei', tunnet olosi kurjaksi ja ikävystyt. Mutta jos opit aina sanomaan 'kyllä', jos näet elämän kaikkine kokemuksineen lahjana eikä oikeutena, et koskaan pitkästy.

Kun olet täynnä rakkautta ja myötätuntoa, et pysty sanomaan millekään 'ei'. Voit sanoa vain 'kyllä'. Amma pystyy sanomaan vain 'kyllä'. Hän ei milloinkaan sano 'ei', ja siksi hän ei kyllästy. 'Kyllä' tarkoittaa hyväksymistä. Vain hyväksymisessä ollaan vapaita tylsistymisestä.

Sana 'ei' esiintyy vain kaksinaisuuden vallitessa. Kun sanot elämälle 'ei', tunnet itsesi onnettomaksi ja tyytymättömäksi. Vastustat kaikkea etkä voi olla onnellinen itsessäsi. Tunnet olevasi vähäpätöinen ja tyydyttymätön. Miksi? Koska haluat jatkuvasti. Haluat rahaa, kuuluisuutta, uuden talon, uuden auton jne. Lista on loputon. Tulet onnettomaksi ja elämästä tulee kuivaa. Sinusta tulee ainainen valittaja, joka ei ole tyytyväinen mihinkään. Miksi? Koska jääräpäisesti sanot 'ei'. Koska kykysi hyväksyä on vajavainen, et pysty sanomaan 'kyllä' kaikelle sille, mitä elämä tarjoaa sinulle.

Ihmiset juoksevat aina erilaisten asioiden perässä. Ja siitä syystä he ovat yhä onnettomia ja tuntevat itsensä riittämättömiksi kaikesta koulutuksesta ja älyllisestä tiedostaan huolimatta. Jopa kaikkein rikkaimmat ihmiset ovat onnettomia. Kaikessa rikkaudessaankin he ikävystyvät helposti ja lukuisat mielihalut ovat heidän riesanaan, sillä he ovat tyytymättömiä ja tuntevat, että täydellisyys on heiltä saavuttamatta.

Elämä on arvokas lahja. Mutta me emme käytä arvostelukykyämme valitaksemme oikeita asioita. Valitsemme väärin ja tulemme onnettomiksi. Ongelmien syyt ovat siis sisällämme. Väärä asenteemme aiheuttaa meille tyytymättömyyttä ja kyllästymisen tunnetta. Panemme liian paljon painoa toisarvoisille asioille, kun taas kaikkein tärkeimmät, ensiarvoiset asiat sivuutamme täysin."

Äiti kertoi tarinan valottaakseen asiaa.

"Miehellä oli kaksi erilaista sairautta. Hänen silmänsä vaivasivat häntä ja hänellä oli ruuansulatusongelmia. Hän meni lääkäriin, jossa hänelle määrättiin silmätippoja ja vatsalääkettä. Silmiin piti laittaa muutama tippa ja vatsalääkettä tuli ottaa useita lusikallisia. Mutta valitettavasti mies innostuksissaan sekoitti lääkärin antamat ohjeet keskenään. Hän joi kotona kunnon annoksen silmätippoja ja kaatoi vatsalääkettä silmiinsä sillä seurauksella, että molemmat vaivat vain pahenivat.

Samalla tavoin meidän elämässämme vallitsee kunnon sekaannus. Meidän on pantava paljon enemmän painoa sielullemme, Itsen oivaltamiselle, jotta voisimme viettää todella tyytyväistä, autuudentäyteistä elämää. Ja meidän on nähtävä kehomme paljon vähemmän tärkeänä. Mutta me teemme toisin päin. Olemme sekoittaneet lääkepurkit keskenään ja otamme väärää lääkettä väärään vaivaan. Kaikki se energia, huolenpito ja huomio, joka meidän olisi ohjattava sielullemme meneekin nyt kehollemme keskittyessämme kehon kaunistamiseen ja mukavuuteen. Sielu saa tuskin pisaraakaan kaikesta huomiosta ja se jää oman onnensa nojaan. Olemme kadottaneet asioiden oikeat mittasuhteet näkyvistämme, ja siksi ajattelemme ja toimimme kielteisesti ja tunnemme itsemme kyllästyneeksi ja hyvin tyytymättömäksi.

Kun olet asettunut Itseen, olet jatkuvasti antavassa mielentilassa. Et voi ikävystyä, kun haluat koko ajan antaa, kun et halua keltään mitään. Amma haluaa vain antaa. Hän ei tarvitse keltään mitään, eikä hän odota mitään. Amma yksinkertaisesti hyväksyy kaiken, mitä hänen elämässään tapahtuu. Tämän takia Amma ei koskaan ikävysty.

Vasta kun erillisyyden tunne katoaa elämästäsi, voi sinusta tulla henkilö, joka jatkuvasti antaa. Kaiken kaksinaisuuden tunteen olisi häivyttävä, mikä tarkoittaa sitä, että mielen olisi häivyttävä. Vasta silloin sinusta voi tulla todellinen antaja, jonka ei tarvitse ottaa tai saada mitään. Kyllästyminen saa alkunsa ainoastaan itsekkyydestä ja itsekeskeisyydestä. Kun olemassaolosi keskus on Atmanissa, kun keskuksesi siirtyy itsestä Itseen, eikä sinulla ole enää muita keskuksia, silloin olet täysin vapaa ikävystymisestä.

Radhan rakkaus Krishnaa kohtaan ei kuollut koskaan, kuten ei Mirankaan rakkaus omaa Giridhariaan kohtaan. Kumpikaan heistä ei milloinkaan odottanut mitään vastineeksi rakkaudestaan. He molemmat olivat suuria antajia, eivätkä he ikävystyneet koskaan – he olivat vain onnellisia ja tyytyväisiä. Mitä ikinä heidän kohdalleen tulikaan, hyvää tai pahaa, sen he ottivat vastaan arvostaen ja hyväksyivät sen täydestä sydämestään. Siksi he yhäkin elävät ihmisten sydämissä ja heistä tuli kuolemattomia, koska he luopuivat kaikesta. Alat todella elää vasta, kun kuolet egollesi - mielellesi. Radha ja Mira olivat kuolleita egoilleen. Mira sanoi: 'Oi oma Giridharini, jos et rakasta minua, olkoon niin. Mutta rakas Jumalani, älä koskaan vie minulta pois oikeuttani rakastaa sinua!' Näin hän suhtautui. Radha ja Mira olivat täysin epäitsekkäitä. Heidän rakkautensa oli puhdasta, vapaana egon ja itsekkäiden ajatusten tahrasta.

Eläessäsi egona, totellessasi mieltäsi ja toimiessasi sen oikkujen ja päähänpistojen mukaisesti et ole oma itsesi – olet mieli. Se on eräs hulluuden muoto. Olet kuin kuollut, koska elät pelkkänä kehona ja mielenä olematta tietoinen todellisesta olemassaolostasi Itsenä. Jos uskot olevasi keho, elät illuusiossa. Eikö ole hulluutta pitää epätodellista totena ja heijastaa todellisen päälle jotain mikä ei kuulu siihen? Niin kauan kuin elät mielessä, jatkuu ikävystyminenkin.

Mielesi jatkuva meteli on raskas taakka kantaa. Taakasta on tullut valtavan raskas, se on haudannut sinut täysin alleen. Valitettavaa on se, että sinä, joka tuota taakkaa kannat, et ole lainkaan tietoinen sen hirvittävästä painosta.

Kuvitellessasi, että ikävystymisesi johtuu ulkoisista olosuhteista ja muista ihmisistä, juokset paikasta toiseen ja kokeilet mahdollisimman monta asiaa, kunnes lopulta lyyhistyt kokoon. Etkö halua keventää mielesi taakkaa ja tuntea olevasi vapaa ja rauhassa? 'Kyllä, haluaisin,' vastaavat useimmat ihmiset. Mutta he eivät halua päästää irti otettaan asioista, joissa he ovat kiinni. He ajattelevat, että jos he päästävät irti, heistä tulee haavoittuvia ja turvattomia.

Jopa pienet lapset tuntevat näin. Jos lapsi ei ole äitinsä tai isänsä kanssa, se tuntee olonsa hyvin turvattomaksi. Lapset kävelevät aina ympäriinsä pidellen kiinni äitinsä sarista tai isänsä paidasta. Tämä saa heidät tuntemaan olonsa turvalliseksi ja suojatuksi. Mutta tätä vaihetta ei kestä pitkään, koska turvallisuuden lähde vaihtuu. Lapsen kasvaessa myös turvattomuudentunne kasvaa ja hän havaitsee, että vanhempien kanssa oleminen ei ole todellista turvallisuutta. Hänestä alkaa jopa tuntua, että vanhemmat ovat esteenä hänen vapaudelleen. Hänestä alkaa pian tuntua, että jossakin on joku tai jotakin, joka voi tehdä hänestä tyytyväisemmän kuin hänen vanhempansa tai kotikaupunkinsa. Tyytymättömyys ja ikävystyminen kulkevat käsi kädessä. Kyllästyt vanhempiisi, joten haluat pois heidän luotaan.

Kotisi ja kotikaupunkisi tuntuvat sinusta tylsiltä, joten haluat muuttaa jonnekin muualle. Saat vanhasta autostasi tarpeeksesi, joten haluat uuden. Vanhan tyttöystäväsi kanssa oleminen kyllästyttää sinua, joten haluat uuden tilalle. Turvallisuuden ja tyytyväisyyden etsinnässäsi syleilet jatkuvasti turvattomuutta. Etkä koskaan löydä tuota tyytyväisyyttä. Joudut vain alituiseen kohtaamaan turvattomuutesi ja tyytymättömyytesi.

Mielesi on se, joka on epävarma. Se on sinun mielesi, joka luo ikävystymisesi ja pelkosi ja on syynä kaikkiin ongelmiisi. Hankkiudu ennemmin eroon mielestä kuin vaihdat asioita ja paikkoja elämässäsi. Vapauta itsesi mielestäsi ja sinusta tulee uusi ihminen, jolla on aina tuore, uusi näkökulma elämään. Niin pitkään kuin kannat mieltäsi mukanasi, pysyt samana vanhana henkilönä, jolla on samat pelot, turvattomuuden, ikävystymisen ja tyytymättömyyden tunteet kuin aina ennenkin.

Todellinen turva elämässä voidaan löytää ainoastaan Itsestä *(Atmanista)*, tai Jumalasta. Ja ainoa tapa päästä eroon ikävystymisestä on antautua omalle Itsellesi, Jumalalle, tai täydelliselle mestarille. Ole sivustakatsojana kaikelle, mitä elämässä tapahtuu. Sinä olet ikuinen *purusha*. Sinä olet *purnam* (täydellisyys). Sinä olet suuri kokonaisuus, etkä rajoitettu yksilö. Poista itsestäsi kaikki suru, ikävystyminen ja tyytymättömyys. Ole onnellinen ja tyytyväinen."

Kukaan ei halunnut sanoa mitään. Äidin selitys oli niin kaunis ja valaiseva, että jos jollakin oli kenties ollut mielessään jotakin kysyttävää, kysymys oli unohtunut. Äiti istui silmät kiinni. Kaikki muutkin sulkivat spontaanisti silmänsä ja meditatiivisessa mielentilassa imivät itseensä henkistä tunnelmaa, jota saattoi suorastaan käsin kosketella.

Vähän myöhemmin Äiti pyysi *brahmachareja* laulamaan laulun

Sukhamenni Tirayunna.

Kuinka sinä, joka etsit
onnellisuutta kaikkialta,
voisit löytää sen

jättämättä turhamaisuutta taaksesi?
Kuinka voisit olla onnellinen ennen kuin
myötätuntoinen maailmankaikkeuden Äiti
loistaa kirkkaana sydämessäsi?

Mieli, jossa ei ole antaumusta
Shaktia, perimmäistä energiaa kohtaan,
on kuin kukka ilman tuoksua.
Sellainen mieli joutuu
vaeltamaan kurjuudessa
kuin lehti, jota
valtameren aallot riepottelevat.

Älä joudu kohtaloksi kutsutun
korppikotkan kynsiin.
Palvo Itseä yksinäisyydessä.
Lakkaa odottamasta
tekojesi hedelmiä.
Palvo kaikkiallisen Itsen muotoa
sydämesi kukinnossa.

ॐ

9.luku

Käsittämätön Äiti

Jopa Äitiä hyvin lähellä olevat ihmiset kokevat, että hän on täysin käsittämätön. Vietettyään monta vuotta läheisessä tekemisessä Amman kanssa, tämän kirjan kirjoittajasta tuntuu, että Äidissä on jotain läpäisemättömän mystistä, että hän on täysin ymmärryskyvyn tuolla puolen. Ensimmäiset brahmacharit, jotka saapuivat Äidin luokse, ovat usein ihmetelleet: "Kuinka on mahdollista edes yrittää ymmärtää Ammaa? Kuinka voimme tietää mikä on hänen tahtonsa, jotta voisimme toimia ja palvella häntä sen mukaisesti?" Joskus he ajautuvat vaikeuksiin johtuen kyvyttömyydestä ymmärtää Äitiä.

He ovat usein kokeneet Amman läpäisemättömän luonteen. On helppo ymmärtää henkilön luonne, jos elämme hänen läheisyydessään jonkin aikaa, joitakin viikkoja tai kuukausia. Mutta miltei kahden vuosikymmenen jälkeen Äiti on *brahmachareille* ja kaikille muille edelleen täysin tuntematon tekijä. Gayatri, joka palveli Äitiä kaksi vuosikymmentä, totesi kerran: "Mikä ilmiö tämä on? Jopa äärettömyys on mahdollista käsittää, mutta Äitiä ei!"

Kerran Balu oli Äidin kanssa tämän huoneessa. Gayatri oli myös läsnä. Äiti oli hyvin rakkaudellinen ja hellä Balua kohtaan. Hän puhui Balun kanssa pitkään, poisti kaikki hänen mieltänsä vaivaavat epäilykset ja vastasi tämän kaikkiin kysymyksiin. Äiti jopa syötti häntä omin käsin. Balu tunsi täyttyvänsä Äidin rakkaudesta, ilosta ja autuudesta. Yllättäen Äiti käski häntä ankarasti poistumaan paikalta. Hänen kasvoillaan ei näkynyt enää merkkiäkään rakkaudesta. Balu pelästyi nähdessään tämän äkillisen muutoksen Äidissä ja tunsi itsensä täysin hämmentyneeksi. Ensiksi hän ajatteli, että Äiti vain pelleili, mutta tajusi pian hänen olevan täysin tosissaan. Hän halusi kysyä miksi, sillä ei ymmärtänyt mitä oli tapahtumassa. Hän ei kuitenkaan uskaltanut, sillä Äidin äänensävy ja vakava katse olivat niin syvät ja voimakkaat. Tämä äkillinen muutos Äidissä oli kuin joku olisi heittänyt ison kiven keskelle rauhallista kirkasta järveä. Se oli kuin kaunis linna, joka murtuu palasiksi samalla, kun sen kauneutta ihaillaan ja arvostetaan.

Balu oli hiljaa ja seisoi kuin patsas keskellä huonetta. Hän pystyi tuskin liikkumaan, kun hän kuuli Äidin äänen jälleen sanovan: "Ulos täältä! Haluan olla yksin! Miksi lähtösi kestää niin pitkään?" Raskain sydämin Balu käveli ulos huoneesta ja oli juuri päässyt kynnyksen yli, kun Äiti löi oven kiinni paukkuen. Oven paukahdus oli isku, joka oli tähdätty Balun sydämeen.

Vaikka oli poistunut Äidin huoneesta, Balu ei saanut itseään pois oven luota. Hänen kiintymyksensä Äitiin oli niin voimakasta, että hän istuutui suljetun oven eteen ja itki kuin orpolapsi.

Balu ajatteli: "Tämän täytyy olla minun uskoni ja kärsivällisyyteni testi. Tietysti ego hieman pullistuu, kun saa olla Äidin lähellä jonkin aikaa. Ego ajattelee: 'Minun täytyy olla jotakin erityistä. Miksi Äiti muuten antaisi minun olla lähellään niin pitkään?' Silloin Äidin salama iskee sinuun. Ongelma on siinä, että ego ei koskaan ajattele: 'Kuinka onnekas ja siunattu minä olenkaan saadessani viettää niin kauan Äidin läheisyydessä.' Mieli ja ego osaavat ajatella vain itsekkäästi ja ylpeästi. Kun Amman yllätyshyökkäys tulee, ylpeys tuhoutuu. Jos ei ole ylpeyttä ja on vain positiivinen tunne siitä kuinka siunattu on ja kuinka armollinen Äiti onkaan, ei ole tarvetta kokea surua tai olla suuttunut. Kipu ja suru seuraavat, kun egon asemaa uhataan. Jos en koe ylpeyttä siitä, että saan olla Äidin seurassa niin usein tai tunne, että minulla on oikeus olla hänen lähellään, en myöskään koe tuskaa. Kuinka voin olla surullinen, jos on vain nöyryyttä?

Hieman myöhemmin Balu kuuli jonkun avaavan oven. Hän katsoi ylös ja hämmästyi nähdessään Äidin hymyilevän hänelle. Äiti oli taas samassa mielentilassa kuin hän oli ennen pyytäessään Balua poistumaan. Kuin mitään ei olisi tapahtunut hän sanoi: "Tule sisään poikani. Mitä sinulle on tapahtunut? Miksi itket?" Balu ei voinut uskoa tätä todeksi. Kesti jonkin aikaa ennen kuin hän tajusi mitä oli tapahtumassa. Kun hän seisoi miettien mitä oikein oli tapahtunut, hän kuuli jälleen Äidin äänen: "Poikani, tule sisään. Mitä tapahtui? Miksi sinä itket?" Nämä sanat olivat kuin sadekuuro Balun sydämen *chataka*-linnulle. Kaikki tuska hänen sydämessään haihtui kuin auringossa sulava jää. Hän oli niin liikuttunut, että puhkesi jälleen itkemään. Hän ei kuitenkaan voinut olla ihmettelemättä Äidin näennäisesti ristiriitaista käytöstä. Ensiksi hän oli rakastava ja hellä, mutta seuraavana hetkenä hän olikin ilman mitään näkyvää syytä täysin etäinen. Mitä tapahtui? Balu ei kyennyt ymmärtämään. Hän kysyi Äidiltä: "Äiti, en kykene ymmärtämään sinua ja toimimaan sen mukaisesti. Tämä on suurin murheeni. Miten voin ymmärtää sinua?" Äiti hymyili ja sanoi: "Ymmärtääksesi minua, sinun on tultava minuksi."

Oli sama kuin Balu olisi kysynyt kuinka ymmärtää äärettömyyttä. "Ellet tule äärettömäksi, et voi ymmärtää äärettömyyttä," oli vastaus.

Tämä on vain yksi pieni tapahtuma lukemattomien vastaavanlaisten joukossa.

Äidin sairaus

Eräänä aamuna Äiti oli hyvin sairaana. Hän oli niin heikossa kunnossa, ettei kyennyt nousemaan sängystä. Sattui olemaan sunnuntai ja sadat ihmiset odottivat Äidin aamu*darshania*. Äiti valitteli, että hänellä oli vaikeuksia hengittää ja että hänen koko kehoaan särki valtavasti (näin käy joskus, kun Äiti ottaa kärsiäkseen seuraajien sairauksia ym.). Hän oli niin valtavassa tuskassa, että kieri sängyllään. Sänky ei ollut edes riittävä ja siksi Äiti päätti siirtyä paljaalle lattialle makaamaan. Gayatri ja *brahmacharit* pelkäsivät kylmän lattian vain pahentavan hänen kipujaan, joten he levittivät lattialle huovan. Äiti ei kuitenkaan halunnut huopaa, joten Gayatri poisti sen ja auttoi

Äidin lattialle. Äidin maatessa lattialla hän alkoi kieriä edestakaisin voihkien tuskasta. Hänen kärsimyksensä oli silminnähtävää. Brahmacharit päättivät peruuttaa *darshanin* ja *Devi-bhavan* siltä päivältä. He mainitsivat tämän Äidille, joka ei sanonut mitään. Olettaen, että hiljaisuus on myöntymisen merkki, he asettivat *ashramin* eteen kyltin, jossa ilmoitettiin peruutuksesta. Yksi *brahmachareista* meni alas ja kertoi uutisen äidin *darshania* odottamaan kokoontuneille seuraajille. He olivat kaikki hyvin pettyneitä.

Kello oli vasta puoli kymmenen. Äiti makasi edelleen lattialla. Hänen tilansa ei ollut parantunut lainkaan. Kaikki olivat hyvin huolissaan. Gayatri ja Damayantiamma hieroivat Äidin jalkoja samalla kun yksi *brahmacharineista* piteli kuumavesipulloa hänen rintaansa vasten. Kaikkien huomio oli keskittynyt Äitiin, kun hän yllättäen pomppasi pystyyn ja kysyi: "Mitä kello on?" Kaikki olivat hämmästyneitä ja kysyivät yhteen ääneen: "Miten niin, Amma? Miksi haluat tietää mitä kello on?"

"Miksi kysytte?" Äiti sanoi kuin mitään ei olisi tapahtunut ja hänessä ei olisi ollutkaan mitään vikaa. "Ettekö muka tiedä, että tänään on sunnuntai? Ihmiset varmastikin odottavat *darshania* alakerrassa. Mitä kello on?" hän kysyi ja kääntyi katsomaan kelloa. Tajutessaan mitä kello on Äiti huudahti: "Oi Shivane! Kello viittätoista vaille kymmenen!" Tässä vaiheessa hän oli jo jaloillaan. *Brahmachari* Nealu protestoi ja sanoi: "Mutta Amma, me olemme jo ilmoittaneet, että tänään ei ole *darshania*, ja ihmiset tietävät sen jo. He valmistautuvat lähtemään. Amma, sinä olet hyvin sairas. Sinun on levättävä ainakin yksi päivä." Äiti katsoi Nealua ankarasti ja sanoi: "Mitä sinä sanoit? Sanoitko sinä heille, että tänään ei ole *darshania*? Niinkö ilmoitit? Ja kuka sanoi, että Amma on sairas? Amma ei ole sairas! Hän ei ole koskaan tehnyt vastaavaa aikaisemmin! Amma on hämmästynyt nähdessään, että sinulla, joka olet ollut hänen kanssaan niin pitkään, ei edelleenkään ole lainkaan myötätuntoa. Kuinka voit edes ajatella käännyttäväsi kaikki nuo ihmiset pois?" Saman tien hän lähetti Pain alakertaan ilmoittamaan, että Äiti antaisi *darshania* kuten tavallista. Ihmiset riemastuivat ja palasivat paikalle.

Tässä vaiheessa Äiti näytti taas täysin normaalilta. Hänessä ei ollut havaittavissa merkkiäkään kivusta tai sairaudesta. Hän sanoi *brahmachareille:* "Te ette ymmärrä seuraajien tunteita. Jotkut heistä ovat odottaneet pitkään nähdäkseen Amman. Monen on täytynyt lainata rahaa tai myydä korujaan voidakseen tulla tapaamaan Ammaa. Monet ovat kaapineet kasaan kymmenen *paisaa* päivässä vaatimattomista tuloistaan voidakseen ostaa bussilipun ja päästäkseen kerran kuukaudessa käymään *ashramissa.* Teidän on helppo lähettää heidät pois sanoen, ettei tänään ole *darshania,* mutta ajatelkaa heidän tuskaansa, jos he eivät saa tavata Ammaa. Ajatelkaa kaikkia vaikeuksia joita he joutuvat kohtaamaan päästäkseen tänne. Ajatelkaa heidän pettymystään. Suurin osa seuraajista ei tee mitään suurempia päätöksiä elämässään kysymättä ensin Ammalta neuvoa. Monet, jotka ovat täällä nyt saattavat tarvita vastauksen tänään. Kuinka helposti te päätittekään, että tänään ei ole *darshania.* Lapset, yrittäkää ymmärtää muiden vaikeuksia ja tuntea heidän surunsa.

Nealu oli huolissaan ja kysyi: "Mitä ihmiset ajattelevat meistä? He ajattelevat, että me *brahmacharit* peruutimme *darshanin* omasta aloitteestamme."

Äiti katsoi jälleen Nealua ankarasti ja sanoi: "Nealu, vieläkö sinä olet huolissasi siitä mitä ihmiset ajattelevat sinusta? Hyvä on! Pelkäät siis muita ja heidän mielipiteitään. Kaikki mitä tapahtui oli Amman tahto - pystytkö suhtautumaan siihen niin? Näinkö opetuslapsen tulisi tuntea mestariaan kohtaan? Ajatus siitä, mitä muut ajattelevat minusta, on lähtöisin egosta. Ego haluaa antaa hyvän kuvan itsestään. Et halua kenenkään kritisoivan sinua tai olevan pitämättä sinusta. Olit enemmän huolissasi siitä kuin Amman terveydestä. Antautunut henkilö ei koskaan ajattelisi tällä tavoin. Kun olet antautunut, et ajattele itseäsi tai mitä muut ajattelevat sinusta. Sinun tulisi oppia luopumaan egostasi."

Kun Äiti oli lopettanut Gayatri pyysi kaikkia lähtemään huoneesta, jotta Äiti voisi valmistautua *darshaniin.*

Muukalainen korjaamaan mielen

Kaksikymmentä minuuttia myöhemmin Amma tuli huoneestaan alas *darshan*majaan ja aloitti seuraajien vastaanottamisen. Hän näytti innokkaalta ja iloiselta, ja täysin terveeltä.

Brahmacharit kysyivät kerran Äidiltä, kuinka he voisivat ymmärtää hänen näitä hämmentäviä mielentilojaan, ja miksi hän joskus käyttäytyi näennäisesti niin oudolla tavalla.

Äiti vastasi: "Vain teidän meluisan ja oudon mielenne mukaan Amma käyttäytyy oudosti. Se tuntuu teistä oudolta koska teillä on tiettyjä ennakkokäsityksiä käyttäytymisestä. Olette omaksuneet tiettyjä konsepteja ja tapoja elämänne aikana ja kasvatuksestanne johtuen. Uskotte tietynlaisen käyttäytymisen olevan outoa ja toisen normaalia. Outous ja normaalius ovat vain omia konseptejanne, omia uskomuksianne. Haluatte Amman puhuvan ja toimivan sen mukaan, kuin mielenne on opetettu näkemään asioita.

Sinulla voi olla tiettyjä oletuksia elämästä, joiden ajattelet olevan oikeita, mutta ne ovat väistämättä erilaisia muiden olettamuksista. Jokaisella on omia ideoitaan, omia ajatuksiaan ja tunteitaan, ja jokainen ajattelee olevansa oikeassa ja että kaikki muut ovat väärässä. Kaikki toimivat tällä tavoin. Jokainen mieli on luonut omat konseptinsa, ja jokainen mieli odottaa Amman sopivan tuohon kehykseen.

On totta, että Amma pyrkii miellyttämään kaikkia seuraajiaan, jotka tulevat hänen luokseen suruineen, kärsimyksineen ja pelkoineen. Olette varmasti nähneet kuinka Amma käyttäytyy saadakseen heidät rentoutumaan, jotta he avautuisivat hänen läsnäolossaan. Mitä enemmän he avautuvat, sitä enemmän Amma voi työstää heitä. Amma uhraa mielellään koko elämänsä tehdäkseen muut onnellisiksi, mutta Amma ei usko, että hänen tulisi kohdella samalla tavoin teitä, jotka olette omistaneet elämänne tunteaksenne Jumalan. Mieltänne on kirnuttava ja kirnuttava, kunnes siitä tulee kirkastakin kirkkaampi - niin kirkas, että voitte nähdä todellisen olemuksenne, Atmanin. Toisin sanoen teidän on tultava 'mielettömiksi'. Tämä ei kuitenkaan ole helppoa. Mieltä ei voi vain yksinkertaisesti poistaa.

108

Se sulatetaan *tapasin* aiheuttamalla kuumuudella, joka syntyy mestarin koulutuksen ja sinun häntä kohtaan tunteman rakkauden ja kiintymyksen yhdistelmänä. Mielesi ja älysi eivät voi ymmärtää mestaria, ja siksi sanot hänen olevan outo ja ristiriitainen. Ymmärrä kuitenkin, että se on vain sinun mielesi, joka langettaa tämän tuomion.

Tapasin luomassa kuumuudessa mieli ja sen kaikki tuomitsemiset sekä muut toiminnat haihtuvat, ja sinä alat toimia sydämestäsi käsin. Jotta tämä tapahtuisi, oppilaalla on oltava valtavasti kärsivällisyyttä.

Todellinen mestari uhraa koko elämänsä kohottaakseen opetuslapsensa, seuraajansa ja koko yhteiskunnan. Mutta heillä tulisi olla myös tietty määrä omistautuneisuutta. Ole kärsivällinen ja olet saava todelliselta mestarilta kaiken.

Älkää yrittäkö arvioida mestaria älyllänne. Älyllinen ymmärryksenne hänestä on väistämättä täysin väärä. Koska elätte mielessänne sekä tapanne että taipumuksenne pysyvät teissä sitkeästi, yritätte yhä lujasti ratkaista mestarin 'kummallisten mielentilojen' arvoitusta logiikan ja järjen keinoin. Tulette epäonnistumaan ymmärtämisyrityksissänne, kunnes teille lopulta valkenee, että mestaria ei voida käsittää mielellä tai älyllä. Oivallatte, että usko on ainoa keino. Mestari voidaan oppia tuntemaan ainoastaan antautumisen ja lapsenkaltaisen avoimuuden kautta.

Yrittäessänne käsittää mestaria älynne kautta mielenne tulee uupumispisteeseen. Oivallatte, että ette voi ymmärtää mestarin ääretöntä luonnetta älyllänne ja lopulta avaudutte. Teistä tulee yhtäkkiä vastaanottavaisia. *Tapas* kuuluu tähän prosessiin. Rakkautenne ja kiintymyksenne mestarin ulkoiseen olemukseen tuottavat tarvittavan lämmön.

Voitte kutsua mestaria kummalliseksi, mutta hän on kummallinen ainoastaan teidän mielenne silmissä. Mieli tuottaa teissä outouden tunteen, koska olette samaistuneita siihen. Mitä enemmän antaudutte mestarin valmennukselle voimakas rakkauden tunne sydämessänne, sitä enemmän tulette tietämään, että oma mielenne on outo, ei mestari.

Mieli on ulkopuolinen. Se on muukalainen todellisessa olemuksessanne, Itsessä. Mieli, joka on vieras elementti, tuottaa ärsyttävää kutinaa, mielihaluja. Se on samanlaista kuin ärtyneen haavan raapiminen. Huomaatte raapimisen lievittävän kutinaa, ja niinpä raavitte sitä toistuvasti, kunnes haava ja ympäröivä alue tulee punaiseksi ja tulehtuu. Ja silloin haavan aiheuttama kipu kasvaa.

Mieli synnyttää tuollaista kutinaa silloin, kun se on täynnä mielihaluja ja tunteita. Niinpä jatkatte raapimista, kunnes lopulta koko elämästänne on tullut iso märkivä tulehtunut haava.

Kaikki tuo mätä on puserrettava ulos haavastanne, muuten se ei voi parantua. Amman tehtävä on hoitaa haava ja pusertaa mätä ulos. Amma osoittaa teille tällä tavoin myötätuntoaan, mutta hänen tehdessään niin, te kutsutte sitä kummalliseksi. Mutta teidän reaktionne eivät vaivaa Ammaa, koska reagointinne johtuu vain ymmärryksen puutteesta. Te pitäisitte Ammaa normaalina, jos hän vain hellisi haavaa ja antaisi teidän jatkaa raapimistanne. Valinta on teidän. Jos haluatte haavaa vain hellittävän, ettekä halua sen paranevan, se sopii Äidille, mutta te tulette kärsimään myöhemmin.

Oletetaan, että menette lääkäriin hoidattamaan haavaa. Tohtori saattaa antaa teille pistoksen, jonka jälkeen saatatte tuntea kipua vielä enemmän kuin aikaisemmin. Haava saattaa täyttyä märkivästä aineksesta, ja kipu saattaa olla hirvittävä. Kysytte lääkäriltä: 'Kuinka minuun voi koskea näin kovaa antamanne lääkityksenne jälkeen?' Tohtori vastaa hymyillen: 'Älkää olko huolissanne. Injektion tarkoituksena oli tuoda kaikki mätä ulos. Sen on tultava ulos.' Lääkäri näyttää olevan mielissään nähdessään tilanne, koska silloin hän tietää hoidon tehoavan. Mutta te pidätte kummallisena sitä, että tohtori on mielissään. Ette voi syyttää lääkäriä rajallisesta käsityskyvystänne. Hän tietää mitä tekee, ja hänen velvollisuutensa on tehdä kaikki teidän parhaaksenne. Älkää arvioiko tohtoria. Todennäköisesti arvioitte hänet väärin, koska ette tiedä mitään. Hän parantaa haavanne, mutta ennen kuin se voi parantua, kipu on väistämätöntä. Tällä hetkellä tuntemanne kivun tarkoituksena on poistaa kaikki kipu. Jos te itse ette ole lääkäreitä ettekä tiedä mitään lääketieteellisistä hoitomenetelmistä, silloin ideanne siitä, kuinka tautia tulisi hoitaa, kuuluu ainoastaan teille ja omaan mieleenne. Sama pätee todelliseen mestariin. Hämmennyksen tunteenne ja kipunne johtuvat mestarin antamasta henkisestä lääkityksestä, jonka tarkoituksena on tuoda ulos mätä menneisyytenne haavoista. Ulkoiset haavat eivät ole iso ongelma. Ne parantuvat pian, jos ne hoidetaan kunnolla. Mutta sisäiset haavat ovat paljon vakavampia. Ne voivat tuhota koko elämäsi, koska olet tietämätön etkä tiedä niistä mitään. Tavallinen lääkäri ei voi hoitaa niitä. Ne ovat syviä, aikakausia vanhoja haavoja, joita varten tarvitset kaikkitietävän, jumalallisen tohtorin. Todellinen mestari on tässä aivan välttämätön. Hän näkee kaikkiin entisiin elämiisi ja osaa hoitaa ja parantaa sisäiset haavasi.

Kysymys: "Amma, vertasit mieltä vieraaseen elementtiin. Miksi se on vieras? Voisitko ystävällisesti selittää tätä näkökohtaa?"

Äiti: "Kun jotakin vierasta tulee elämäämme, yritämme ankarasti torjua sen. Jos esimerkiksi silmäämme menee roska, haluamme sen pois sieltä. Miksi? Koska se ei ole osa silmää. Se ei kuulu meihin. Entäpä sairaus? Vaikka se olisi vain päänsärky tai vatsakipu, haluamme siitä eroon, koska se on vierasta meille. Keho haluaa torjua sen, koska se ei kuulu olemukseemme. Samalla tavoin mieli on vierasta ainesta, täydellinen muukalainen, josta meidän on päästävä eroon.

Jokainen haluaa olla onnellinen ja rauhallinen. Tästä ei ole erimielisyyttä. Mutta jotta rauhan ja onnellisuuden voisi saavuttaa, on mentävä mielen ja sen halujen tuolle puolen. Mieli on se, joka aiheuttaa surun ja 'kutinan'. Mieli on kuin haava. Joka kerran, kun mielihalu nousee esiin, tunnet ärsyttävää kutinaa mielesi haavassa. Mielihalun tyydyttäminen on kuin raapisit haavaa, ja kutina lakkaa hetkeksi. Mutta olet täysin tietämätön siitä tosiasiasta, että myöntymällä mielihaluihisi syvennät mielesi haavaa. Se tulee yhä tulehtuneemmaksi. Mieli jatkaa vaatimista ja haluamista, ja sinä jatkat noiden mielihalujen tyydyttämistä. Se on kuin mielen haavan jatkuvaa raapimista, joka vain kasvattaa haavaa entisestään. Jos hierot innolla roskaa silmässäsi poistamatta sitä, kipusi ja ärsytyksesi vain kasvavat. Poista roska silmästä ja voit hyvin. Mieli on kuin roska silmässä, vieras elementti. Opettele pääsemään eroon mielestä. Vain siten voit saavuttaa täydellisyyden ja onnen. Onnellisuus ja rauha on kaikkien ihmisten päämäärä. He vain valitsevat vääriä keinoja sen saavuttamiseksi. Melkein kaikki tietävät, etteivät he koe todellista onnellisuutta ja rauhaa. Heidän elämästään puuttuu jotakin, ja he yrittävät täyttää tuon tyhjiön hankkimalla ja omistamalla. Mutta todellinen ongelma onkin mielessäsi. Mieli on muukalainen, joka on eliminoitava. Mutta kuka pystyy sen tekemään? Vain täydellinen muukalainen mielellesi voi sen tehdä. Mestari on tuo muukalainen mielellesi. *Mahatma*, täydellinen mestari on ehkä käsittämätön mielellesi, mutta hän tuntee oudon mielesi ja sen kummalliset tavat täydellisesti. Hän on kaikkien mielten mestari, mutta hän on todella outo ilmiö mielellesi.

Pidät *mahatman* tekemisiä kummallisina niin pitkään kuin mielesi jatkaa olemassaoloaan. Mutta kun vähitellen alat hallita mieltä ja ajatuksia, oivallat, että *mahatmassa* ei ollut mitään kummallista, vaan vain mielesi oli outo.

Kuten Amma on aiemmin sanonut, mielesi on kirnuttava. Vain todellinen muukalainen outoine tiloineen osaa kirnuta mielesi. Olet tottunut tavallisiin ihmisiin ja heidän mielentiloihinsa, ja hekin kirnuavat joskus mieltäsi. Mutta tämä kirnuaminen on vain pinnallista, eikä se ole riittävää. Todellisen kirnuamisen vaikutuksen tulisi ulottua mielesi perukoille saakka. Puhdistuminen tapahtuu vasta silloin. Kukaan tavallinen ihminen ei pysty tätä tekemään, sillä kukaan tavallinen ihminen ei tunne mielesi kummallisuutta yhtä hyvin kuin todellinen mestari. Todellinen mestari on aistien ja mielen tuolla puolen. Siksi sanot häntä oudoksi. Mutta vain sellainen kummallinen henkilö, joka on aistien ja mielen yläpuolella, voi tehdä kirnuamisen tehokkaasti ja auttaa sinua eliminoimaan oudon mielesi ja sen kummalliset tunteet. Tuo eriskummallinen henkilö on mestari, *satguru. Satguru* tuo oppilaan lähelleen rakkaudellaan ja myötätunnollaan, ja alkaa sitten vähitellen kirnuta näennäisen oudoilla tavoillaan ja mielentiloillaan.

Lapset, malajalaminkielinen sanonta kuuluu: 'Pyydystä kalat veden sekoittamisen jälkeen.' Jos vatkaat lampea, kaikki siellä elävät kalat tulevat esiin mudan alta ja muista piilopaikoista. Ne kuulevat pelottavan metelin, kuin koko lampea sekoitettaisiin, ja poistuvat kiireesti piiloistaan. Kaikkien kalojen lähdettyä liikkeelle kalastaja heittää verkon ja pyydystää ne. Samalla tavoin mestari vatkaa mieltämme omituisilla, käsittämättömillä menetelmillään. Tämä vatkaaminen tuo pintaan kaikki *vasanamme*, syvällä olevat piilevät taipumuksemme. Vain jos *vasanat* tulevat esiin, voimme tulla niistä tietoisiksi ja poistaa ne. Mestarin kummalliset menetelmät on luotu tarkoituksella vain mielesi pyydystämiseksi. Myllerrys mielessäsi, jonka mestari saa sinut kokemaan, osoittaa sinulle, kuinka paljon kielteisyyttä sinussa on. Kun ymmärrät, kuinka raskasta negatiivisuuden taakkaa kannat mukanasi, sinussa herää vilpitön halu päästä siitä eroon. Tämä tekee sinut yhteistyöhaluiseksi mestarin kanssa, sillä nyt ymmärrät kutinan alkusyyn ja tiedät, kuinka syvä haavasi on. Et halua kantaa taakkaa enää mukanasi. Haluat tyhjentää itsesi taakasta ja olla täysin onnellinen ja rentoutunut. Tultuasi tietoiseksi kielteisyydestä se on helppo eliminoida. Tulet ymmärtämään, että oma mielesi on kaiken surusi ja kärsimyksesi todellinen syy, ja mestarin armon avulla kykenet luopumaan siitä."

ॐ

10. luku

Hyvä muistutus

Eräs brahmachari halusi lähteä ashramista muutamaksi kuukaudeksi ja viettää jonkin aikaa yksin. Hän oli pyytänyt tätä Äidiltä useaan otteeseen. Mutta Äiti oli sanonut hänelle: "Miksi haluat lähteä? Tekeekö se sinulle lainkaan hyvää? Amma ei usko, että saavutat mitään poistumalla tästä ilmapiiristä. Jos tavoitteenasi on Itsen oivaltaminen, tämä on paras paikka siihen. Mutta jos haluat toimia vasanoittesi mukaan, niin ole hyvä vain. Ongelma tässä on mielesi. Niin pitkään kuin kuljetat mieltäsi mukanasi kaikkialle, et saavuta mitään. Voit vaihtaa paikkaa ja tilanteita, mutta pysyt yhä vain samana vanhana henkilönä samoine vanhoine tapoinesi, ellet pysäytä meluisaa mieltäsi. Itsen oivaltaminen on ulottumattomissasi, kunnes hiljennät mielesi. Et tarvitse toista paikkaa tai tilannetta, vaan henkilön, joka itse on hiljentänyt oman mielensä täydellisesti. Vain sellainen henkilö voi auttaa sinua tulemaan tietoiseksi todellisesta ongelmastasi ja auttaa sinut pois siitä. Vain sellainen henkilö voi auttaa mieltäsi tulemaan tyyneksi ja hiljaiseksi.

Brahmachari päätti kuitenkin lähteä. Hän poistui ashramista aikaisin eräänä aamuna jättäen Äidille kirjeen, jossa luki: "Amma, anna anteeksi, etten totellut sinua. Haluni olla yksin on niin vahva, etten voi vastustaa sitä. Minun on yksinkertaisesti pakko mennä. Oi Myötätuntoinen, pyydän, hyväksy minut poikanasi ja oppilaanasi, kun tulen takaisin."

Mutta *brahmachari*, jonka tarkoituksena oli viettää yksinäisyydessä ainakin kolme kuukautta, tuli takaisin samana päivänä. Hän kuvasi myöhemmin erittäin mielenkiintoisen tapahtuman, joka oli pakottanut hänet luopumaan ideasta lähteä *ashramista*. Hän oli ylittänyt takavedet veneellä ja oli jatkanut matkaa kohti bussipysäkkiä tarkoituksenaan hypätä Kayamkulamiin menevään aamubussiin. Yhtäkkiä puolisen tusinaa koiraa oli rynnännyt hänen eteensä ja tukkinut tien. *Brahmachari* piti koiria vaarattomina ja päätti olla välittämättä niistä ja jatkaa matkaa. Mutta heti hänen liikahtaessaan koirat alkoivat haukkua, ja ne näyttivät uhkaavilta. *Brahmachari* otti käteensä lähellä lojuvan kepin ja aikoi pelotella sillä koirat tiehensä. Mutta tämä ele vihastutti koirat ja niiden haukunta yltyi raivoisaksi. Jotkut koirat siirtyivät uhkaavasti lähemmäksi *brahmacharia*. Hän oli halunnut pelotella koirat tiehensä, mutta lopulta hän itse tuli niin pelokkaaksi, että luopui kepistä. Heti hänen pudotettuaan kepin maahan koirat lopettivat haukkumisen ja asettuivat aloilleen. Kuitenkaan ne eivät antaneet hänen jatkaa matkaa, vaan seisoivat hänen tiellään. *Brahmachari* yritti toisen ja kolmannenkin kerran jatkaa eteenpäin bussipysäkille, mutta aina, kun hän otti askeleen koirat alkoivat haukkua uudestaan ja tukkivat hänen tiensä.

Eräässä vaiheessa *brahmachari* suuttui koirille niin paljon, että hän otti muutaman uhkaavan askeleen niitä kohti. Mutta kun hän teki niin, yksi koirista hyppäsi hänen kimppuunsa ja puraisi salamannopeasti hänen oikeaa pohjettaan. Haava ei ollut syvä mutta siitä vuosi verta. *Brahmachari* oli järkyttynyt tapahtuneesta. Se avasi hänen silmänsä. Hän ajatteli: "Tämän täytyy olla Äidin *liilaa*, koska hän ei halua minun menevän. Olen tottelematon, mutta edes tottelemattomuudestani ei tule mitään, ellei se ole Äidin tahto. Miksi muuten nämä koirat käyttäytyisivät näin omituisesti?" Näin ajatellen ja jonkin verran lohtua saaneena *brahmachari* palasi *ashramiin*.

Brahmachari halusi kuitenkin pitää tapauksen salassa. Hän päätti kertoa siitä Äidille myöhemmin, tilaisuuden tullen. Mutta hänen hämmästyksekseen Äiti kysyi häneltä seuraavana aamuna: "Koirat antoivat sinulle opetuksen, eikö niin?" Äiti nauroi ja jatkoi: "Poikani, olkoon tämä sopiva rangaistus tottelemattomuudestasi."

Pian kaikki saivat kuulla tapahtuneesta. Seuraavan kahden päivän aikana *brahmacharin* kävellessä jalka sidottuna hän herätti paljon naurua joka puolella *ashramia*, ja muut asukkaat kiusasivat häntä armottomasti. Äiti nauroi nähdessään hänen siteensä ja sanoi: "Toimikoon tämä hyvänä muistutuksena." *Brahmachari* oli täynnä katumusta. Hän vuodatti runsaasti kyyneleitä pyytäen Äitiä antamaan hänelle anteeksi.

Myöhemmin hän halusi saada tietää, kuinka sellaista saattaa tapahtua. Hän kysyi Äidiltä: "Miksi koirat käyttäytyivät niin kummallisesti? Ne ilmaisivat sinun tahtoasi, eikö niin? Mutta onko sellainen mahdollista?"

Todellisen Mestarin kaikkiallinen läsnäolevuus

Äiti vastasi: "Poikani, etkö ole kuullut tarinaa siitä, kuinka koko luonto vastasi suuren pyhimyksen Vedavyasan kutsuessa poikaansa Sukaa ja pyytäen häntä palaamaan takaisin? Vaikka Suka oli vasta poika, hän oli vapaa kiintymyksestä maailmaa kohtaan. Vedavyasa halusi hänen menevän naimisiin ja elävän tavallista perhe-elämää. Mutta Sukalla, joka oli jumalallinen lapsi, oli voimakas taipumus maailmasta luopumiseen. Niinpä eräänä päivänä hän jätti kaiken ryhtyäkseen *sanjaasiksi*. Hänen kävellessään pois kotoa Vedavyasa kutsui poikaansa nimeltä. Koko luonto vastasi hänen kutsuunsa. Puut, kasvit, vuoret, laaksot, linnut ja muut eläimet – kaikki vastasivat hänelle. Mutta mitä tämä tarkalleen ottaen tarkoittaa?

Henkilö, joka on tullut yhdeksi perimmäisen tietoisuuden kanssa on myös yhtä koko luomakunnan kanssa. Hän ei ole enää pelkkä keho. Hän on elämänvoima, joka loistaa kaikessa ja kaikkialla. Hän on tietoisuus, joka antaa kaikelle sen kauneuden ja elävyyden. Hän on Itse, joka on läsnä kaikessa. Tämä on tarinan merkitys.

Vedavyasan kutsuessa poikaansa Sukaa luonto vastasi, koska Suka oli koko luonnossa läsnäoleva tietoisuus. Vedavyasa kutsui Sukaa, mutta Suka ei ollut keho, eikä hänellä siksi ollut nimeä eikä muotoa. Hän oli nimen ja muodon tuolla puolen. Hän oli läsnä jokaisessa, ja kaikkien olentojen kehot olivat hänen. Hän oli jokaisessa kehossa, ja siksi kaikki olennot vastasivat.

Sinä näit ainoastaan koirien kehot, mutta mitä oli noiden kehojen sisällä? Atman on jokaisessa kehossa. Voit sanoa näkemääsi asiaa koiraksi sen kehon takia. Mutta oivallettuasi totuuden koet, että koira ja kaikki luomakunnassa on perimmäisen *Atmanin* täyttämää. Todellinen *mahatma* saa kaikki olennot tottelemaan itseään, olivat ne tuntemiskykyisiä tai eivät. Kaikki on hänen, hän voi hallita kaikkea. *Mahatmalle* ei mikään ole mahdotonta. Jopa puupalanen tekee mitä tahansa hän haluaakin sen tekevän. Mitäpä hän ei voisi sitten pyytää koiraa tekemään, joka on sentään paljon älykkäämpi! *Mahatma* voi toimia auringon, kuun, meren, vuorten, puiden ja eläinten kautta. Hän voi ilmaista itseään koko maailmankaikkeuden välityksellä. Hänen on vain annettava käsky. Sana, katse, ajatus tai kosketus riittää saamaan kaiken tottelemaan.

Tunnetko tarinan siitä, kuinka Krishna käänsi koko ison karjalauman voimakasta demonia vastaan, joka oli tullut varastamaan karjaa? Hän ohjasi lehmiä yksinkertaisesti soittamalla huilua. Demoni oli Krishnan ilkeän sedän Kamsan palvelija. Kamsa oli yrittänyt tappaa Krishnan monin tavoin. Hän oli käyttänyt työhön uskollisia demoneitaan, yksi toisensa jälkeen, mutta kaikki hänen yrityksensä olivat epäonnistuneet. Tämä sai Kamsan janoamaan kostoa yhä enemmän. Eräänä päivänä hän kutsui luokseen jälleen yhden demonin ja määräsi hänet tappamaan kaikki Krishnan ja hänen ystäviensä lehmät.

Krishna ja lehmipojat veivät lehmät laitumelle joka aamu. Laitumet olivat kaukana Gokulasta, missä Krishna ja hänen ystävänsä asuivat. Erään päivänä lehmien syödessä onnellisina ruohoa metsässä demoni ilmestyi paikalle. Hän halusi alkajaisiksi viedä lehmät sopivampaan paikkaan, missä hän saattaisi käyttää demonisia voimiaan niiden tappamiseksi. Demonin kammottava ulkomuoto riitti pelästyttämään lehmät, ja ne juoksivat sinne tänne säikähtäneinä. Demoni onnistui kokoamaan ne ja sai ne juoksemaan tiettyyn suuntaan. Krishnan lehmipoikaystävät olivat kauhuissaan ja he ryntäsivät paikalle, missä Krishna istui. Heidän kerrottuaan tapahtuneesta Krishna hymyili, otti huilunsa ja alkoi soittaa kaunista, melodista sävelmää. Muuta ei tarvittu. Kuullessaan soiton lehmät kääntyivät ympäri ja alkoivat jahdata demonia. Lehmiä oli satamäärin ja nyt demonin maagiset voimat eivät auttaneet häntä lainkaan. Niinpä lopulta demoni joutuikin pakenemaan lehmiä.

Pyhimys Jnaneswar sai seinän liikkumaan ja härän laulamaan *Vedoja*.

Mielen hallinta tarkoittaa koko luomakunnan hallintaa. Se ei tarkoita pelkästään oman yksilöllisen mielesi voittamista. Sinusta tulee kaikkien mielten mestari, kaikki mielet ovat käskyvaltasi alla. Sinä olet kokonaisuus, et pelkkä osa. Oivallettuasi sen ei eroja enää voi olla olemassa.

Turvaudu täydelliseen Mestariin

Lähtöä yrittäneeseen *brahmachariin* liittyen Äiti selitti myöhemmin: "Ihmiset joka puolella maailmaa juoksevat sinne tänne henkisyyden ja Itsen oivalluksen etsinnässään. He haluavat löytää rauhallisen, yksinäisen paikan, ehkäpä luolan, tai paikan metsästä tai vuoristoalueelta, missä virtaa joki lähellä, ja niin edelleen. Se, mitä heidän pitäisi aivan ensiksi tehdä, olisi oppia kärsivälliseksi ja asettua aloilleen – mutta ei minne tahansa he itse haluavat, vaan heidän tulisi asettua sellaisen henkilön jalkojen juureen, joka kykenee auttamaan heitä näkemään sen seikan, että heidän ongelmansa eivät ole peräisin jostakin heidän ulkopuoleltaan vaan ne ovat sisällä. Tämän tulisi olla sellainen henkilö, joka voi ottaa etsijää kädestä ja johdattaa hänet perille, ja joka saa hänet tuntemaan, että hän ei ole yksin, vaan että hän voi aina turvautua mestarinsa apuun ja rakastavaan opastukseen, mestarinsa, jolla on ääretön henkinen voima.

Tämä ei ole helppo tie, ja siihen liittyy kipua. Mutta etsijälle ei ole hyväksi tuntea liikaa tuskaa, sillä silloin hän saattaa pudota polulta tai hän saattaa haluta karata. Nykyään on vaikea löytää kyvykkäitä oppilaita. Heitä oli olemassa kauan sitten, kun totuus ja usko vallitsivat yhteiskunnassa. Heidän päämäärätietoisuutensa oli niin vahva, että he kestivät helposti mestarin kovan koulutuksen. Noilla etsijöillä oli täydellinen usko ja itsestä luopumisen asenne. Mutta asiat ovat muuttuneet ja nykyään uskosta ja itsestä luopumisesta on tullut pelkkiä sanoja. Enemmän puhetta, vähemmän tekoja, se on nykyajan linja, ja mielen taipumukset ovat voimakkaampia kuin ennen. Kukaan ei halua kuria. Jokainen haluaa pitää egonsa, niin arvokas se on heille. Ihmiset pitävät egoa kaunistuksena, sitä ei pidetä enää taakkana. Ihmiset eivät tunne egonsa painoa. He tuntevat olonsa mukavaksi sen pienen, kovan kuoren sisällä. He ovat epävarmoja ja pelkäävät tulla ulos sieltä. He ajattelevat olevansa turvassa siellä, missä he ovat. Heille egon kuoren ulkopuolella oleva maailma on pelottava, se on tuntematon ja siksi turvaton. He uskovat, että heidän egonsa ulkopuolinen maailma ei ole heitä varten, vaan se on niille, jotka 'eivät kykene mihinkään muuhun.'"

Antautuminen vaatii rohkeutta

"Mestarille antautuminen ei ole helppoa. Se vaatii rohkeutta. Se on kuin hyppäisi virtaavaan jokeen. Mestari on virtaava joki. Hypättyäsi virtaan se vie sinut vääjäämättä merelle, et voi välttää sitä. Voit taistella ja yrittää uida vastaan, mutta virta on niin voimakas, että se vie sinut väistämättä avomerelle – Jumalaan, Itseen, todelliseen kotiisi. Hyppääminen on sama kuin antautuminen. Se vaatii rohkeaa mieltä, koska sitä voidaan verrata kehon ja mielen kuolemaan.

Et ehkä hyppää nyt, koska et ole vielä valmis loikkaamaan joen syviin vesiin. Tällä hetkellä saatat haluta pysyä joen rannalla ihailemassa sen kauneutta. Haluat ehkä nauttia lempeästä viileästä tuulesta, virtaavan veden jatkuvasta pulputuksesta, joen voimasta ja viehätyksestä. Hyvä niin. Joki ei pakota sinua hyppäämään ja voit seisoa paikoillasi niin kauan kuin haluat, sillä joki ei lähetä sinua poiskaan. Se ei sano: 'Liika on liikaa! Nyt riittää, mene pois! Jonotuslista tänne on pitkä.' Eikä se sano: 'No niin, aika on tullut. Joko hyppäät nyt, tai pakotan sinut hyppäämään.' Ei, ei mitään tuollaista. Kaikki riippuu sinusta. Voit joko hypätä tai pysyä rannalla. Joki yksinkertaisesti on siellä. Se on aina valmis hyväksymään ja puhdistamaan sinut.

Joella, mestarilla, ei ole egoa. Se ei ajattele: 'Minä virtaan, olen voimakas ja kaunis. Minulla on voima viedä sinut valtamerelle. Itse asiassa minä olen valtameri. Kuinka monet ihmiset uivat ja iloitsevatkaan minussa!' Ei, mestarin virralla ei ole sellaisia tuntemuksia. Se virtaa vain, koska se on sen luonto.

Mutta sukellettuasi siihen virtaus on sellainen, että sinusta tulee melkein kuin ruumis. Huomaat olevasi niin voimaton, että sinulla ei ole muuta vaihtoehtoa kuin vain olla ja antaa virran viedä sinut sinne minne se tahtoo. Sinulla on vapaus valita. Voit joko pysyä rannalla tai sukeltaa. Mutta loikattuasi sinulla ei enää ole valinnanvaraa, tulet luopumaan erillisyydestäsi, sinun on luovuttava egostasi. Sillä hetkellä sinä katoat ja huomaat kelluvasi Puhtaassa Tietoisuudessa.

Voit siis vapaasti pysyä rannalla. Mutta kuinka kauan? Sinun on ennemmin tai myöhemmin joko käännyttävä ympäri ja mentävä takaisin maailmaan, tai hypättävä. Vaikka palaisit maailmaan, joen kauneus ja viehätys on niin lumoava ja houkutteleva, että tulet takaisin rannalle yhä uudestaan. Ja tulee päivä, jolloin tunnet houkutusta tehdä tuon lopullisen hypyn. Ja lopulta sukellat – sen on tapahduttava.

Rannalla seisoessasi sinulla saattaa olla paljon sanottavaa joesta. Laulat sen ylistystä, kuvailet sen kauneutta, sinulla on monia mielipiteitä siitä, ja sinulla on loputtomasti kertomuksia siitä ja sen historiasta. Mutta kuvailet jokea ja kerrot tarinoita siitä pulahtamatta kertaakaan siinä. Ja mitä hyvänsä sanotkaan joen suuruudesta käymättä siinä, on yksinkertaisesti merkityksetöntä. Kun lopulta hyppäät, kun antaudut olemassaolon virralle, täydelliselle mestarille, olet hiljaa. Sinulla ei ole mitään sanottavaa.

Antautuminen tekee sinut hiljaiseksi. Antautuminen tuhoaa egon ja auttaa sinua kokemaan pienuutesi ja Jumalan kaikkitietävyyden. Kun tiedät, että et ole mitään, että olet täysin tietämätön, silloin sinulla ei ole mitään sanottavana. Sinulla on ainoastaan ehdoton ja täydellinen usko. Voit vain kumartaa äärimmäisen nöyränä. Jotta voisi todella tietää, olisi oltava nöyrä. Ego ja todellinen tieto eivät ole yhteensopivia. Nöyryys on todellisen tiedon merkki. Jotkut ihmiset ovat hyviä puhujia. Heillä on yleensä suuri ego. Toki on poikkeuksia, mutta heidän yleisenä taipumuksenaan on 'paljon puhetta ja vähän tekoja'. Miksi? Koska he eivät ole antautuneet korkeammalle todellisuudelle, elämän korkeammille arvoille. He eivät ole todella hyväksyneet Jumalan kaikkivoipaista luonnetta ja tulleet tietoiseksi omasta mitättömyydestään, vaikka he puhuisivatkin siitä. Sellaiset ihmiset saattavat tehdä paljon hyvää maailmassa, ja myös paljon vahinkoa.

Amma ei yritä yleistää. Kaikki eivät ole sellaisia. Heidän joukossaan on joitakin, jotka ovat antautuneet, mutta heitä on vain muutama, jotka voidaan laskea sormilla. Yleinen taipumus on olla mahdollisimman egoistinen."

Ego tappaa todellisen sinäsi

"Politiikan ja liike-elämän suurin ongelma on kova kilpailu, köydenveto, jota käydään puolueiden jäsenten tai kilpailevien liikeyritysten kesken jokaisen yrittäessä vakiinnuttaa johtoasemansa ylitse muiden. Tuollaisessa tilanteessa sinun on osoitettava jonkin verran aggressiivisuutta kilpailijoita kohtaan. Koska yrität saada ylivaltaa heistä, sinun on näytettävä heille, että sinusta on johonkin. Olet valmis käyttämään mitä menetelmää tahansa saavuttaaksesi tavoitteesi. Et välitä, vaikka se olisi epäinhimillinen. Ja selviytymiskamppailussasi menetät inhimilliset ominaisuutesi. Sinusta tulee melkein kuin eläin. Sydämesi tilalle tulee kova kivi. Huolesi muista ihmisistä on mennyttä. Todellinen minäsi on uhrattu.

Amma on kuullut tarinan. Mies oli joutunut oikeudenkäyntiin. Hän pelkäsi häviävänsä jutun. Hän sanoi epätoivoissaan asianajajalleen lähettävänsä tuomarille lahjuksena koko sarjan golf-mailoja. Asianajaja oli järkyttynyt ja sanoi asiakkaalleen: 'Tuomari on hyvin ylpeä lahjomattomuudestaan. Jos yrität lahjoa häntä, teko kääntyy vain sinua vastaan. Lopputuloksen voit arvata.' Mies voitti jutun, ja hän kutsui asianajajansa illalliselle. Hän ilmaisi tälle kiitollisuutensa golf-mailoja koskevasta neuvosta, ja sanoi: 'Minä itse asiassa lähetin ne golf-mailat tuomarille, mutta tein sen vastustajan nimissä.'

Ego saa elämän muistuttamaan taistelukenttää, ja taistelukentällä on pelkkiä vihollisia, ei ystäviä, läheisiä ja rakkaita. Siellä ei ole rakkautta ja huolenpitoa muita kohtaan. Silloin ajatellaan vain muiden tuhoamista. Koskaan ei edes harkita unohtamista ja anteeksiantoa. Jopa ne, jotka näyttävät olevan sinun puolellasi, yrittävät vetää sinut alas. Todellisuudessa he ajattelevat samoin kuin sinä. Heillä on samat epäilykset kuin sinulla. Ja niin se on, että aluksi tuhoat he, jotka ovat vastapuolellasi, ja sen jälkeen päädyt tuhoamaan myös he, jotka ovat omalla puolellasi. Raha ja valta saavat sinut sokeaksi. Miksi kaikki tämä vaiva? Antautumisen ja nöyryyden puutteen vuoksi. Jokainen tuntee olevansa jotakin erikoista, jotakin suurta. Niinpä he yrittävät osoittaa muille suuruutensa, ja tämä johtaa aina tuhoon.

Eräänä päivänä eräs elokuvanäyttelijä kävi Amman luona ja puhui olemassaolotaistelustaan elokuvateollisuudessa. Hän sanoi Ammalle: 'Ihmisillä on se kuva, että elokuva-alalla on parhaat työpaikat ja että filmitähdet elävät onnellista ja tyytyväistä elämää.' Tuskallisena hän kertoi Ammalle, että ala on huonoimpia mahdollisia näyttelijöiden välillä vallitsevan kilpailun ja kateuden takia. Huipulla olevat eivät koskaan kannusta muita. Lahjakkaatkin näyttelijät ovat tuottajien, ohjaajien ja johtavassa asemassa olevien näyttelijöiden ja näyttelijättärien armoilla. He ovat julkean vihamielisiä toisilleen jokaisen yrittäessä vetää muita alas.

Joskus ihmiset kätkevät egonsa yrittäessään saavuttaa jonkin tavoitteen. Oletetaan, että henkilö etsii työpaikkaa. Hän on vaeltanut pitkään ympäriinsä kykenemättä löytämään työtä. Kun hän menee tehtaanomistajan luokse, hän kätkee huolellisesti egonsa ja on olevinaan hyvin nöyrä. Hän suostuu halukkaasti kaikkiin omistajan ehtoihin ja allekirjoittaa sopimuksen. Hän jopa useaan kertaan toistaa valan, ettei osallistu mihinkään lakkoihin tai muihin vastatoimiin johtoa vastaan ja että hän tekee työnsä nopeasti ja virheettömästi. Mutta hänen saatuaan työpaikan hän alkaa ajatella olevansa jotakin ja hän haluaa näyttää sen. Hän alkaa rikkoa lupauksiaan ja unohtaa valansa. Hän tuo egonsa esiin piilostaan.

Antautuessasi korkeammalle tietoisuudelle luovut kaikista vaatimuksistasi. Päästät irti otteesi kaikesta, mistä olet pitänyt kiinni. Sillä ei ole enää merkitystä, saatko vai menetätkö. Et halua enää olla jotakin. Haluat olla ei-mitään, et kerta kaikkiaan mitään. Niinpä sukellat olemassaolon virtaan.

Ego, tai mieli, saa sinut tuntemaan, että olet jotakin. Ellei sitä eliminoida, et voi sukeltaa syvälle omaan tietoisuuteesi. Sinusta on tultava ei-mitään. Tunteesta, 'minä olen jotakin', ei saisi jäädä rahtuakaan jäljelle. Jos olet jotakin, ei sinulla ole pääsyä puhtaan tietoisuuden valtakuntaan."

Kauneus piilee egottomuudessa

"Ego pystyy ainoastaan tuhoamaan. Se tuhoaa kaiken, jopa itse elämän. Se tuhoaa kaiken hyvän ja kauniin. Egon ollessa hallitsevassa asemassa vallitsee rumuus, koska ego on luontaisesti ruma ja vastenmielinen. Egoistista ihmistä saatetaan pitää komeana ja kyvykkäänä, mutta kuitenkin häntä kohtaan tunnetaan vastenmielisyyttä.

Demonikuningas Ravana oli komea, majesteettinen ja erittäin lahjakas. Hän oli loistava laulaja ja muusikko. Hän pystyi soittamaan kauniisti useaa instrumenttia yhtäaikaa. Hän oli suuri oppinut, säveltäjä ja kirjoittaja. Mutta hänessä oli aina jotakin inhottavaa. Vaikka hänellä oli kaikki nuo upeat ominaisuudet, hänellä oli myös epämiellyttävä luonne, sillä hän oli äärimmäisen egoistinen. Hän ajatteli olevansa suurempi kuin kukaan muu. Ajatus, 'minä olen jotakin suurta', synnyttää tiettyä rumuutta ihmisissä.

Vedavyasa taas ei ollut ollenkaan komea. Mutta hänen seuransa oli jumalallista ja poikkeuksellisen kaunista, koska hän oli nöyryyden ja yksinkertaisuuden ruumiillistuma. Hänellä ei ollut egoa. Hän oli aidosti suuri, mutta hän ei koskaan väittänyt olevansa millään lailla suuri. Hän ajatteli olevansa ei-mitään, ja siksi hän oli kaikki.

Vedavyasa oli täydellisesti antautunut sielu, kun taas Ravana ei ollut antautunut lainkaan. Ravanalla oli karkeasti paisunut ego, kun taas Vedavyasalla ei ollut lainkaan yksilöllistä egoa. Hän oli puhtaan tietoisuuden henkilöitymä. Ero on valtaisa."

Kaikki kuuntelivat lumoutuneina Äidin sanoja. Ja he tuijottivat käsittämätöntä Äitiä.

Brahmachari Pai lauloi laulun

Ammayennullora Ten Mori

Onko kaikkien olemassa olevien nimien joukossa
toista yhtä ihanaa nimeä
kuin hunajankaltainen nimi Amma?
Onko mitään toista
ajatusteni lepopaikaksi soveltuvaa valtakuntaa
kuin rakkautesi valtakunta?

Oi Äiti, jos sinä hylkäät tämän avuttoman
yksinäisten öiden rannoilla
vaeltavan vaeltajan,
silloin loputtomat surut
vaivaavat mieleni puutarhaa.

Oi Äiti, ainoa tukeni,
onko lisäksesi ketään,
joka tuntisi sisimmät suruni?
Jos meistä, jotka jumaloimme sinua,
tulisi vastenmielinen joukkio,
mitä mieltä silloin olisi
meditoida lootus-jalkojasi?

Oi siunattu, ääretön Valo,
hyväile minua
katseesi vähäisimmälläkin kosketuksella.
Jos teet niin,
silloin mieleni virtaa
pitkin autuuden pyhää jokea.

ॐ

11. luku

Brahmachari Balu ei pystynyt laulamaan eräänä Devi-bhava-iltana kipeän kurkun takia. Niinpä hän istui temppelissä meditoiden ja toistaen mantraansa ja usein vain katsellen Äidin säteileviä kasvoja. Saumya istui Äidin toisella puolella palvellen häntä, kuten kaikkien *bhava-darshaneiden* aikana. Aluksi *ashramissa* ei asunut pysyvästi muita *brahmacharineja* kuin Gayatri ja Saumya. Ennen heidän tuloaan Äitiä palvelivat Krishna- ja *Devi-bhava-darshaneissa* paikalliset naiset. Kun Gayatri muutti *ashramiin* pysyvästi 1980-luvun alussa, hän alkoi huolehtia Äidin henkilökohtaisista tarpeista ja palvella häntä jumalallisten mielentilojen aikana. Tämä jälkimmäinen tehtävä siirtyi myöhemmin Saumyalle hänen muutettuaan *ashramiin* vuoden 1982 lopussa.

Noihin aikoihin Äiti antoi yhden *brahmachareista* istua vasemmalla puolellaan *Devi-bhavan* aikana. Nuo olivat hyvin arvokkaita hetkiä.

Kutsuttuaan *brahmacharin* viereensä istumaan Äiti laittoi yleensä vähän santelipuutahnaa tämän kulmakarvojen väliin. Tällä kosketuksella oli ihmeellinen vaikutus vastaanottajaan. Se synnytti sellaisen valtaisan rauhantunteen, että hän liukui spontaanisti syvään meditaatioon. Ensimmäinen *brahmachari*-ryhmä oli hyvin onnekas saadessaan tämän kokemuksen, saadessaan vastaanottaa tämän Äidin siunauksen. Joskus Äiti antoi *brahmacharin* maata pää hänen sylissään, ja tuona aikana *brahmachari* näki ihmeellisiä näkyjä ja koki muita henkisiä kokemuksia. Äidin vieressä istumista *Devi-bhavan* aikana pidettiin tietysti suurena etuoikeutena ja siunauksena. Aina silloin tällöin Amma antoi tämän siunauksen myös jollekin *ashramin* ulkopuolella elävälle seuraajalleen.

Koska Äidin vieressä istumista pidettiin hänen erityisen rakkautensa ilmaisuna, kaikki kuusi tai seitsemän *brahmacharia* odottivat innokkaasti Äidin kutsua. Mutta Amma kutsui kussakin *bhavadarshanissa* korkeintaan yhden heistä luokseen. Joskus hän sivuutti heidät tyystin ja antoi paikan jollekin *ashramin* ulkopuoliselle. Jonkun tultua valituksi muut tulivat tavattoman mustasukkaisiksi menetettyään tilaisuutensa tällä kertaa. Aikanaan Äiti lopetti kokonaan kutsumasta *brahmachareja* viereensä.

Muistot noista ajoista pysyvät tuoreina ja elävinä heidän mielessään. Heidän kokemansa syvät, spontaanit meditaatiot noissa tilaisuuksissa olivat harvinaislaatuisia. Joskus Äiti käytti aikaa myös heidän kysymyksiinsä vastaamiseen.

Tämä oli tuollainen siunauksellinen ilta *brahmachari* Balulle. Temppelin etukuistilla laulettiin *bhajaneita* suurella intensiteetillä. *Brahmachari* Pai lauloi laulua

Oru Pidi Sneham.

Olen jäljittänyt varjoja
kaivaten hyppysellistä rakkautta.
Mutta, kun rakkaus oli melkein ulottuvillani,
se livahti käsistäni.
Oi Äiti,
täällä minä vaellan jälleen, oi Äiti.

Sydämeni on särkynyt
murskaavien ahdistuksen aaltojen alle.
Oi Äiti,
missä tämän musertuneen sielun
tulisi etsiä sinua?
Etkö välitä lainkaan?
Oi Äiti, etkö välitä?

Juodessani jatkuvasti
surun kyyneleitä,

en saata enää nukkua.
Oi Äiti, anna minulle armosi,
niin että voin herätä jälleen
ja löytää itseni
sinun lootus-jalkojesi juuresta.

Balu istui seinän vieressä vähän matkan päässä Äidistä. Hän katseli Äidin kauniita kasvoja ja ajatteli itsekseen: "Kuinka ihmeellistä olisikaan, jos Äiti kutsuisi minut nyt luokseen." Yhtäkkiä Äiti katsahti häneen ja kutsui hänet hymyillen viereensä istumaan. Balun onnella ei ollut rajoja. Se, että Äiti oli niin nopeasti vastannut hänen rukoukseensa, teki hänestä hyvin avoimen ja vastaanottavaisen.

Tuhlaamatta hetkeäkään Balu istuutui lattialle Amman *piithamin* viereen. Äiti katsoi häntä ja sanoi sädehtivä hymy kasvoillaan: "Amma tiesi, että sinä halusit kovasti tähän istumaan." Balu kiinnitti katseensa Äidin kasvoihin ja vuodatti hiljaa kyyneleitä. Kun Äiti näki tämän, hänen rakkautensa lastaan kohtaan oli ylitsevuotavainen, ja hän ilmaisi tämän painamalla lempeästi Balun pään syliinsä. Sitten hän jatkoi *darshanin* antamista seuraajilleen.

Temppelin kuistilta kuului, kuinka Pai resitoi *"Amritanandamayi Stavamanjari"-slokaa* johdatuksena laulua varten:

Amritanandamayi Stavamanjari

Kumarran edessäsi, oi Äiti,
joka olet pyhän Om-tavun ydin,
ääretön, ikuinen
olemassaolo-tietoisuus-autuus, absoluutti,
joka loistaa tietäjien sydämen temppelissä...

... joka tuot iloa
meditaatioon uppoutuneille
vilpittömille ja vakaille oppilaille...

... joka istutat heihin
sielukkaasta laulusta kumpuavan

palavan antaumuksen...

... Äiti, jota kaikki hyveelliset ihannoivat.

Balu nosti päänsä Äidin sylistä ja katsoi jälleen hänen säteileviä kasvojaan. Äidin katsoessa häneen myötätuntoisesti Balu kysyi häneltä: "Amma, olenko ollut kanssasi kaikissa edellisissä inkarnaatioissa?" Äiti hymyili ja vastasi: "Poikani, olet aina ollut Amman kanssa. Tiedä, että kaikki ne, jotka ovat Amman kanssa nyt, ovat olleet hänen kanssaan kaikissa edellisissäkin inkarnaatioissa. Kuinka muuten voisitte tuntea tämän voimakkaan ja spontaanin siteen hänen kanssaan?"

Kysymys: "Amma, jotkut sanovat, että guru valitsee oppilaansa, jotkut sanovat, että oppilas valitsee gurun. Mikä on oikein? Valitsitko sinä minut vai valitsinko minä sinut? Löysinkö minä sinut vai löysitkö sinä minut? Selvittäisitkö tätä?"

Vastaus: "Poikani, jos Amma sanoisi sinulle, että hän valitsi sinut, uskoisitko sen täydellisesti ja sokeasti ilman epäilyksiä? Ei, Amma ei usko niin. Nykyisessä tilassasi saatat uskoa sen hetken aikaa, mutta pian mielesi alkaa esittää vastalauseita. Se soveltaa asioihin syyn ja seurauksen lakia, ja tuon linjan omaksumisen jälkeen alat analysoida ja ajatella: 'Amma siis sanoi, että hän löysi minut. Mutta sen täytyy olla seurausta jostakin. Mikä siis on syy? Se täytyy olla suorittamani *tapas* tai *punya*.' Ja jos ajattelet niin, ego ryömii hitaasti sisään.

Tuo kaikki vaikuttaa hyvin loogiselta, mutta paras asenne henkistä kasvuasi ajatellen kuulostaisi tältä: 'Jumala valitsi minut. Mestarini valitsi minut. Olin eksyksissä ja mestarini, joka on minulle kaikki kaikessa, löysi minut."

Kysymys: "Oivallanko Itsen tässä elämässä vai onko minun synnyttävä uudestaan sitä varten?"

Vastaus: "Poikani, pystytkö yrittämään tarpeeksi kovasti hävittääksesi mielesi ja kaikki halusi tässä elämässä? Amma on aina vierelläsi opastamassa sinua ja pitämässä sinua kädestä. Mutta kykenetkö aivan varmasti suorittamaan *sadhanasi*, kuten Amma kehottaa sinua tekemään? Jos pystyt siihen, Amma olettaa, että sinun ei tarvitse enää syntyä uudestaan.

Poikani, jos teet henkisiä harjoituksia täsmälleen Amman ohjeiden mukaan, tulet varmasti oivaltamaan Itsen kolmessa vuodessa. Amma voi taata sen. Silloin ei takaisinpaluuta enää ole. Mutta mielen on kadottava, egon on kuoltava. Jos mielestä on jäljellä rahtuakaan, sinun on tultava takaisin."

Kysymys: "Amma, takaisintulo ei pelota minua. Haluan vain olla kanssasi, vaikka minun olisi synnyttävä monta kertaa uudestaan!"

Vastaus: "Poikani, jos todella olet Amman kanssa tässä elämässä, tulet varmasti olemaan hänen kanssaan kaikissa hänen tulevissa inkarnaatioissakin. Siitä ei ole epäilystäkään."

Kysymys: "Amma, mitä tarkoitat sanoessasi, 'jos todella olet Amman kanssa?' Enkö ole kanssasi nyt?"

Vastaus: "Amma tarkoittaa ehdotonta tottelevaisuutta. Pelkkä Amman seurassa fyysisesti oleminen, olematta tietoinen hänen edustamistaan henkisistä periaatteista, ei ole todellista olemista hänen kanssaan – se on hänen unohtamistaan. Amman todellinen muistaminen tarkoittaa hänen ohjeidensa noudattamista ja niiden hengellisen merkityksen ymmärtämistä. Joka tapauksessa, *mahatman* seurassa oleminen saa aikaan puhdistumisen itsestään."

Balu katsoi Ammaa ja sanoi: "Amma, vielä viimeinen rukous. Siunaa minua niin, että voin aina olla kanssasi, jumalallisessa seurassasi."

Äiti kastoi etusormensa pienessä santelipuutahnakulhossa. Sitten hän asetti sormenpäänsä Balun kulmakarvojen väliin ja Balu tunsi valtavan autuuden tunteen. Balu sulki silmänsä, ja Äidin jatkaessa hänen kolmannen silmänsä painamista hän uppoutui syvään meditaation tilaan.

Brahmacharit lauloivat laulua

Brahmanda Pakshikal

Oi Äiti,
sinä olet häikäisevä tiedon puu.
Galaksit lentävät sinuun
lintuparvien lailla.
Anna minun kasvaa varjossasi,
kunnes saavutan sinut
Itsen tiedon kautta.

Oi korkeimman voiman Äiti,
palvon sinua tietäen,
että sininen taivas on pääsi,
maa on jalkasi,
ja ilma on kehosi.

Oi Äiti,
jota kaikki uskonnot ylistävät,
joka olet kaikkien neljän Vedan sisältö
ja koti,
johon kaikki nimet ja muodot
lopulta katoavat,
kumarran edessäsi
kaikella nöyryydellä.

Devi-bhavan lopussa Äiti kutsui spitaalisen Dattanin luokseen saamaan *darshanin*. Oli hyvin koskettavaa ja samalla kunnioitusta herättävää nähdä, kuinka Äiti huolehti hänestä. Dattan sai häneltä paljon enemmän aikaa ja huomiota kuin muut vierailijat.

Dattan meni Äidin luokse ja kumartui hänen jalkojensa juureen. Äiti nosti hänet ylös ja laittoi hänen päänsä syliinsä. Jonkin ajan kuluttua hän nosti lempeästi pään ylös ja piti häntä olkapäätään vasten. Sitten hän alkoi nuolla märkiviä haavoja kielellään. Tuollaista äärimmäistä myötätunnon osoitusta voi tuskin kuvitellakaan. Ne, jotka todistivat tuota näkymää, olivat samanaikaisesti

132

sekä kauhistuneita että syvästi liikuttuneita. Eräs henkilö pyörtyi, ja hänet oli kannettava ulos temppelistä. Äiti pyysi kaikkia muitakin poistumaan paikalta. Seuraavaksi hän teki jotakin hyvin hämmästyttävää. Hän painoi Dattanin pään alas, ja pitäen päätä käsissään hän puraisi otsalla olevaa syvälle tulehtunutta haavaa. Hän imi kaiken verisen mädän ulos haavasta, ja sylkäisi sen sitten *brahmacharini* Saumyan pitelemään astiaan. Toistettuaan tämän muutaman kerran hän otti pyhää tuhkaa ja siveli sitä spitaalisen keholle. Äiti halasi häntä suurella rakkaudella vielä kerran ja käveli lopulta temppelin avoimelle ovelle, josta käsin hän heitteli kukan terälehtiä seuraajien ylle *Devi-bhavan* lopuksi. Tässä yhteydessä on myös mainittava, että Dattan parani täysin. Hänen ainoa lääkkeensä oli Äidin sylki. Kaikki haavat hävisivät hänen kehostaan ja ainoastaan arvet jäivät jäljelle.

ॐ

12. luku

Ei oikeuteni vaan Hänen Armonsa

Oli Devi-bhavan jälkeinen päivä ja sen tähden ashramissa oli vähemmän väkeä. Balu, Venu, Ramakrishnan, Rao ja Srikumar istuivat Äidin vieressä, joka juuri oli laskeutunut huoneestaan ja istui meditaatiohallin edessä. Balu käytti tilaisuutta hyväkseen kysyäkseen: "Äiti, eilen illalla Devi-bhavan aikana, kun kysyin sinulta valitseeko opetuslapsi mestarinsa vai mestari opetuslapsena, sanoit että opetuslapsen henkisen kehityksen eduksi on hyvä asenne ajatella, että 'Jumala on valinnut minut', tai 'mestarini on valinnut minut.' Voisitko kertoa meille hiukan enemmän tästä asenteesta?"

Äiti: "Poikani, jos ajattelet, että sinä valitsit mestarisi, se saa sinut tuntemaan itsesi egoistiseksi. Et voi valita mestaria ellei hän halua niin. Olisi omahyväistä ajatella, että 'Olen valinnut mestarini.' Silloin voisit myös jättää hänet koska vain haluat. Mutta miten voisit valita mestarin, joka on täydellisesti ymmärryksesi tuolla puolen? Ennen kuin valitset tai hylkäät jotakin, yrität ymmärtää onko se hyvä vai huono sinulle. Jos se on hyvä, valitset sen, muussa tapauksessa et. Voit myös käyttää sitä jonkun aikaa, ja sitten jättää sen koska vain huvittaa. Sellaiseen valintaan sisältyy paljon ajattelemista. Mutta kun opetuslapsi rakastuu ensisilmäyksellä avuttomasti mestariin, siihen ei sisälly ajatusprosessia. Mestarin henkinen vetovoima on niin suuri, että opetuslapsesta tulee hänen. Ajatteleminen on este todelliselle rakkaudelle ja antaumukselle.

Mestari ei kuitenkaan ole joku asia, eikä hän ole rajattu henkilö. Todellinen mestari on sinun todellinen Itse, kaiken Itse. Hän on äärettömyys.

Miten joki voi valita valtameren? Se virtaa avuttomasti kohti valtamerta. Kaikki joet ovat sellaisia: ne kulkevat kohti valtamerta ja sulautuvat siihen. Valtameren vetovoima on niin äärettömän mahtava, että jokien on yksinkertaisesti virrattava sen suuntaan.

Samalla tavoin olet avuttomasti vedetty korkeinta mestaria kohti. Hänen ääretön voimansa vetää sinua puoleensa, ja sinä virtaat häntä kohti. Mestarin voima tekee minkä muun vaihtoehdon tahansa puoleltasi mahdottomaksi. Voima kuuluu ainoastaan hänelle. Se on hänen armonsa, josta et voi ottaa kerrassaan mitään ansiota itsellesi.

Olet vain pienen pieni hitunen metallisirusta, jota kaikkivoimainen mestarin henkisen suuruuden magneetti auttamattomasti vetää puoleensa. Metallisirulla ei ole valinnanvaraa. Kun se joutuu magneetin voiman vaikutuspiiriin, se ei voi valita tuleeko se vai meneekö se pois. Sen on pakko liikkua magneetin vetovoiman suuntaan. Samalla tavoin tunnet avuttomasti korkeimman mestarin puoleensa vetämäksi, eikä sinulla ole valinnanvaraa. Se vain tapahtuu.

Mestari nostaa sinut liasta pois ja kohottaa sinut samaan tilaan, missä hän itse oleilee pysyvästi. Sen tähden oikea tapa ajatella on: 'Minä en valinnut häntä. Hän valitsi minut.' Mutta on myös vaara ajatella, että mestarisi valitsi sinut, koska saatat pikkuhiljaa alkaa tuntea, että: 'Olen valittu, joten minun täytyy olla jotenkin erikoinen.' Tämä myös on vaarallista, koska tällaisella asenteella helposti unohdat mestarin armon roolin kaikessa tässä. Saatat ajatella, että koska mestari valitsi sinut, sinun oikeutesi on olla hänen opetuslapsensa, ja tämä helposti pullistaa egoasi. Henkisen ihmisen ego on paljon hienosyisempi kuin maallista elämää elävän ihmisen ego.

On parempi, jos ajattelet, että: 'ainoastaan mestarini armosta olen täällä hänen kanssaan. Se ei ole oikeuteni. Se on hänen lahjansa. Mestari löysi minut. Olin tarpeeton, olin täydellisesti kadoksissa ja

135

ilman toivoa, mutta hänen armonsa ja myötätuntonsa takia olen nyt täällä. En ansaitse mitään, mutta hän siitä huolimatta vuodattaa jumalallista armoaan ylleni.' Tämä asenne tekee sinusta nöyrän, ja se on hyvin tehokas poistamaan egosi. Kaikkein tärkeintä on ylläpitää jatkuvasti tätä tietoisuutta. Koska mielen ja *vasanoitten* veto ovat voimakkaita, on helppo joutua niiden vangiksi ja unohtaa mestarin armo. Nöyräksi tuleminen on henkisen elämän todellinen päämäärä. Ainoastaan nöyryys on tie Jumalaan. Toisaalta, jos tunnet, että mestarisi valitsi sinut, pian saatat alkaa ajatella, että: 'maailmassa on niin paljon ihmisiä ja mestari valitsi minut. Minun on täytynyt ansaita paljon meriittejä tai henkistä voimaa edellisessä elämässä. Tämän täytyy olla syy, miksi hän valitsi *minut* eikä muita. Ei kukaan muu, paitsi minä, kykene tekemään työtä, jota teen tässä maailmassa. Hän halusi minut, ja sen tähden olen täällä.'

Sellaiset ajatukset saattavat vallata sinut ja pian sinusta tulee pahempi kuin kenestäkään muusta. Sinulle kehittyy valtava ego ja se on vaarallista. Sellainen käytös tekee sinusta hyvin itsetärkeän. Egosi pilaa persoonallisuutesi. Todellinen henkinen etsijä tai opetuslapsi omaa suurta nöyryyttä, ja sen tähden hän myöskin omaa tiettyä henkistä kauneutta. Henkisyyden kauneus piilee nöyryydessä.

Mestari valitsee sinut pelastaakseen sinut. Sinun tulisi pitää sitä, että hän valitsi sinut, lahjana, jota et itse asiassa ansaitse. Se ei ole sinun oikeutesi – se on hänen armoaan ja siunaustaan. Jos sinulla ei ole tällaista asennetta, egosi ryömii esiin huomaamattasi.

Sinulla tulisi olla nöyryyttä ajatella, 'minä en ole mitään. Sinä olet kaikki.' Ainoastaan kun tunnet, että et ole mitään, tulet kaikeksi. Jos tunnet, että olet jotakin, et tule miksikään.

Varo hienosyistä egoa

Kysymys: "Amma, sanoit että henkisen ihmisen ego on hyvin hienosyinen ja se saattaa jopa heittää meidät takaisin maailmaan. Voisitko selittää tämän?"

Äiti: "Lapset, pelkkä ajatus, että: 'olen henkinen, olen henkisesti edistynyt,' tai 'olen luopuja,' voi olla suuri kompastuskivi henkiselle edistymisellesi. Sellaiset ajatukset ovat myös osa egoa, mutta hienosyisemmän egon muodossa. Saatat ajatella: 'olen suuri, koska olen luopunut kaikesta. Katso kaikkia noita maallisia ihmisiä maailmassa, jotka ovat yhä materialismin suohon uppoutuneina. He ovat niin tietämättömiä!' Saatat tuntea, että ne jotka elävät maailmassa ovat huomattavasti sinua alempana. Jos vaalit sellaisia ajatuksia, se osoittaa vain, että olet henkisesti epäkypsä. Se tarkoittaa, että olet tietämätön. Ne jotka asuvat maailmassa saattavat olla tietämättömiä, mutta he eivät ole henkisellä polulla. Kun taas sinun oletetaan olevan henkisellä polulla, ja silti olet yhä henkisesti tietämätön. Sellaiset ajatukset tulevat egosta, ja ne on kiskottava juurineen pois. Jos olet todellisen mestarin opastuksen alaisena, et voi tuntea tämän tyyppistä ylpeyttä. Mestari tulee heti huomaamaan ylpeytesi, ja kitkee sen pois. Hienosyinen ego on paljon voimakkaampi ja hankalampi tuhota.

Maallinen ihminen on ylpeä saavutuksistaan elämässä, ja haluaa herättää niillä huomiota. Hänen egonsa on syntynyt hänen kiintymisestään ulkoisen maailman kohteisiin. Hänellä on suuri talo, kaunis talo, johon hän on kiintynyt, ja josta hän on ylpeä. Talo on erinomaista ravintoa hänen egolleen. Hän on myös ylpeä vallastaan, rikkaudestaan ja maineestaan, ja hän joskus ilmaisee sen suuressa mittakaavassa. Voit kokea sen hänen läsnäollessaan. Jopa tavassa, miten hän kävelee ja puhuu, on tiettyä ylpeyttä tästä johtuen. Mitä enemmän sinulla on omaisuutta ja valtaa sitä enemmän sinulla on egoa. Olitpa rikas tai köyhä ero egon suhteen on vain asteissa.

Myöskin mitä enemmän ajatuksia sinulla on sitä enemmän egoa sinulla on. Sen tähden oppineet, ajattelijat ja puhujat ovat usein egoistisempia kuin muut. Ihmiset, joilla on korkea asema yhteiskunnassa ovat usein hyvin egoistisia, ellei heillä ole itsensä antautumisen asennetta. He ovat tottuneet, että heitä ylistetään julkisesti heidän erinomaisesta työstään. Yleensä mitä kuuluisampi olet sitä egoistisempi olet, koska ego kasvaa kaikista tunnustuksista. Näin tapahtuu monille menestyneille ihmisille maailmassa. Sellaisissa ihmisissä ego on hyvin ilmeinen. Tunnistat sen heidän puheista ja toiminnoista. He eivät voi salata sitä. Kuitenkin on myös ihmisiä, jotka ovat saavuttaneet mainetta ja tunnustusta, mutta silti he ovat jääneet nöyriksi. He ovat harvinaisia poikkeustapauksia.

On hyvin luonnollista ihmisille, jotka elävät materialistista elämää, olla egoistisia. Sen voi antaa anteeksi, koska heillä ei ole oikeaa henkistä ymmärrystä. Niin ei kuitenkaan ole henkisten ihmisten kohdalla, jotka ovat omistaneet elämänsä täydellisesti sille tarkoitukselle. Sen on oltava heidän elämäntapansa. Heidän oletetaan olevan nöyriä ja vailla egoa.

Valitettavasti saattaa tapahtua niin, että henkinen ihminen oppii piilottamaan egonsa ja teeskentelee olevansa hyvin nöyrä. Hän yrittää olla näyttämättä egoaan, sillä hän tietää, että mitä henkiseen etsijään tulee on väärin ilmaista egoa ulkoisesti. Hän tietää, että ihmiset eivät sitä arvosta. Niin on myös maailmassa, mutta siinä on ero. Maailmassa ollessasi, kun sinut tunnustetaan jonkun alan asiantuntijaksi, maasi tarvitsee sinua ja sinulla on varaa olla egoistinen. Voit puhua ja toimia itsekkäästi, mutta olet turvassa, koska olet asiantuntija. Työnantajasi tai ne jotka ovat palkanneet sinut eivät yksinkertaisesti voi heittää sinua pois, jos heillä ei ole todella hyvää seuraajaa tilallesi. Mutta henkisessä elämässä ei ole niin. Henkinen edistymisesi mitataan nöyryydelläsi, egottomuudellasi ja viisaudellasi, joita ilmaiset.

Jos niin kutsuttu henkinen ihminen käyttäytyy hyvin egoistisella tavalla, ihmiset eivät kunnioita häntä. Hän voi saavuttaa vain huonoa mainetta henkisessä yhteisössä. Tietäen sen opit tukahduttamaan vihasi ja kaikki negatiiviset taipumuksesi. Toimit ja käyttäydyt kuin kypsä henkinen ihminen. Tästä tulee niin henkistä ja hienosyistä, että sitä on vaikea huomata. Niin kauan kuin ilmaiset egoasi ulkoisesti se on olemassa karkealla tasolla. Mutta kun tietoisesti pidät sitä piilossa sisälläsi ja toimit toisella tavalla ulkoisesti, se muuttuu hienosyiseksi ja hyvin vaaralliseksi.

Voit ilmaista egoasi ulkoisesti. Myös se voi olla haitallinen, mutta vähemmän, koska ihmiset eivät ainakaan tule harhaanjohdetuiksi. He huomaavat, että olet egoistinen ja ovat varoitettuja siitä, että saatat pitää sisälläsi paljon suuttumusta ja vihaa sekä muita negatiivisia tunteita. Siten he voivat tarpeen tullen varoa sinua, ja pitää etäisyyttä sinuun. Mutta entä jos taitavasti opit piilottamaan egosi ja teeskentelet olevasi joogi? Silloin ihmiset joutuvat todella harhaanjohdetuiksi ja se käy yksiin todellisen petoksen kanssa. Mutta sellainen tekopyhyys ei kestä pitkään. Sitä ei voi piilottaa kauan, koska egosi alkaa paljastaa itseään. Mikä on sisällä piilossa, se tulee ennemmin tai myöhemmin ilmi yrittipä vaikka miten tehdä muutoin. Se on vain ajan kysymys.

Se on kuin anoppi uuden miniänsä kanssa. Alussa hän antaa poikansa vaimolle paljon rakkautta ja huomiota. Hän ei salli miniänsä tehdä työtä keittiössä tai siivota taloa tai tehdä mitään työtä ulkosalla ikään kuin tämä olisi arvokas jalokivi, joka kuluu jos sitä käyttää liikaa. Voi kuulla anopin sanovan miniälleen: 'tyttäreni, älä edes ajattele sellaisia asioita! Talossa on monia muita, jotka voivat tehdä työn. Istu ja rentoudu.' Kun vanhemman pojan vaimo kuulee anopin puhuvan näin uudelle tulokkaalle, hän hymyilee itsekseen, koska hän tietää kokemuksesta, että se on vain pelkkä näytelmä. Hän tietää, että anoppi pian alkaa näyttää todellisen luonteensa. Ja juuri niin tapahtuukin. Viikon tai kahden päästä sama anoppi, joka tähän saakka oli ollut niin rakastava ja huomaavainen uutta miniäänsä kohtaan, alkaa huutaa hänelle: 'Sinä laiska tyttö! Luuletko olevasi tämän talon herra? Me emme ole palvelijoitasi! Mene ja siivoa keittiö!' Tämä ei ole harvinaista intialaisissa perheissä, vaikka joskus käykin päinvastoin ja perheestä tulee miniän uhri. Ensimmäisten viikkojen aikana hän on hyvin hellä ja rakastava, mutta ei kestä kauan, kun hänen todellinen luonteensa tulee esille.

Näin tapahtuu ihmisille, jotka piilottavat egonsa voittaakseen ihmisiä puolelleen ja kontrolloidakseen heitä. He saattavat menestyä egonsa piilottamisessa jonkun aikaa, mutta pian se tulee esille. Heidän todellinen luonteensa ilmaisee itse itsensä.

Ihminen joka kantaa valheellista edistyneen henkisen ihmisen maskia, ei ymmärrä miten suurta vahinkoa hän aiheuttaa. Hän johtaa muita harhaan ja raivaa myös tietä omalle tuholleen. Ryhmä rehellisiä ihmisiä saattaa joutua hänen ansaansa. Kun he lopulta huomaavat, että heitä on johdettu harhaan, he menettävät uskonsa. Siitä lähtien he tulevat epäilemään kaikkea, millä on jotakin tekemistä henkisyyden kanssa. He saattavat jopa epäillä aitoja mestareita. Ajattele sitä suurta harmia, jota nämä niin kutsutut henkiset johtajat aiheuttavat yhteiskunnalle ja ihmiskunnalle. Sellaisen ihmisen ego on hyvin hienosyinen, ja siitä on vaikea päästä irti. Hän uskoo olevansa suuri. Tämä tietysti tapahtuu, koska hän on ylpeä suuresta ihmisjoukosta, joka saapuu kuuntelemaan hänen puheitaan ja jotka ylistävät häntä. Ihmiset sanovat hänelle: 'Oi, olet niin suuri ja tietäväinen! Miten kaunopuheinen oletkaan! Osaat esiintyä!' Kaiken tämän ylistyksen ja ihailun takia hän alkaa ajatella olevansa jotain suurta. Tämä ajatus juurtuu häneen syvemmin ja syvemmin, ja syventyessään se myös tulee hienosyisemmäksi. Hän oppii piilottamaan sen ja teeskentelee olevansa suuri. Mutta ei kestä kauan, kun se mikä on piilossa paljastaa itsensä ulkoisesti. Sellaisia ihmisiä toiset pitävät helposti narreina, ja joskus he jopa käyttäytyvät hullusti.

Autuuden päihdyttämä äiti

Taivaalla oli pilviä. Näytti siltä että pian sataisi. Valtameren aaltojen ääni voimistui, ja viileä tuuli puhalsi ilman halki. Äiti katsoi taivaalle ja vaipui heti henkiseen mielentilaan. Nyt aurinko oli täysin tummien sadepilvien peitossa. Vaikka kello oli vasta puoli kaksitoista aamupäivällä, näytti ikään kuin ilta olisi lähestymässä. Pian alkoi tihkua. Äitiä avustanut *bramacharini* tuli alas Äidin huoneesta sateenvarjo mukanaan ja piti sitä Äidin pään yläpuolella. Asukkaat eivät liikahtaneet, vaan jatkoivat sateessa Äidin lähellä istumistaan. Muutamassa sekunnin sisällä alkoi sataa kaatamalla. Äiti jatkoi kuitenkin istumista samassa kohtaa, hänen katseensa yhä taivaalle suunnattuna.

140

Muutaman minuutin päästä Äiti nousi ylös ja käveli sateeseen ja alkoi leikkiä kuin lapsi. Hän hypähteli ja tanssi ympyrässä silloin tällöin pysähtyen kaatosateessa katsoakseen taivaalle. Hän tanssi kädet ulospäin ojennettuina, kämmenet taivasta kohti käännettyinä ikään kuin olisi halunnut ottaa käsiinsä sadepisaroita. Kaikki asukkaat seisoivat muutaman metrin päässä katsellen tätä ihanaa tapahtumaa. Äiti oli nyt täysin läpimärkä. Äitiä avusta*va brahmacharini* seisoi avuttomana hänen vierellään suljettu sateenvarjo kädessä. Yhtäkkiä Äiti liitti kätensä päänsä päällä yhteen ja alkoi kääntyä ympäri ympyrässä. Niin tehdessään hän toisti seuraavaa värssyä:

Anandam Saccidanandam
Anandam Paramanandam
Anandam Saccidanandam
Anandam Paramanandam

Puhtaan olemassaolon ja tietoisuuden autuus
Korkeimman autuuden autuus
Puhtaan olemassaolon ja tietoisuuden autuus
Absoluuttisen ja jakamattoman autuuden autuus

Pitkään laulun jälkeen Äiti jatkoi ympäri pyörimistä. Hänen kätensä olivat yhä yhteenliitettyinä hänen päänsä yllä ja hänen silmänsä olivat kiinni. Kehotietoisuudesta ei näkynyt yhtään merkkiä. Hän oli toisessa maailmassa. Hänen kasvonsa oli säteilevä ja lumoava. Kaunis jumalallinen hymy oli hänen huulillaan ja hän jatkoi tanssiaan, sadeveden tippuessa hänen ryöppyävien mustien hiustensa läpi ja valuessa alas hänen poskilleen.

Kukaan ei tiennyt mitä tehdä. Joku suositteli, että hänet kannettaisiin sisään, mutta *brahmachari* Nealu ajatteli, että heidän ei tulisi koskettaa Äitiä niin kauan kuin tämä oli autuuden tilassa. Sillä aikaa kun he keskustelivat siitä mitä heidän tulisi tehdä, Äiti lopetti tanssin ja kävi alas maahan, joka nyt oli muuttunut mutavesi-altaaksi.

141

Kun hän makasi sadevedessä liikkumatta, henkinen loiste jatkoi säteilyään hänen kasvoillaan.

Sade jatkui yhtä kovana kuin aiemmin, ja asukkaat tulivat levottomiksi. *Brahmacharini*, joka istui Äidin lähellä läpeensä kastuneessa maassa ja yritti suojella häntä sateenvarjolla, vaati että hänet vietäisiin sisälle. Lopulta kaikki suostuivat ja tekivät, kuten hän sanoi.

Heti kun Äiti oli tuotu huoneeseensa, *brahmacharini* pyysi kaikkia muita poistumaan, jotta hän voisi riisua Äidin märistä vaatteista. Kaikki poistuivat heti, ja ovi suljettiin. Äiti oli *samadhissa* pitkän aikaa.

Mitä voi sanoa tällaisesta mystisestä henkilöstä, joka yhtenä hetkenä on suuri Mestari ja seuraavassa hetkessä kuin viaton lapsi, ja sitten taas muutaman sekunnin päästä hän vaipuu korkeimpaan *samadhi*-tilaan?

Jatkuvan Brahmaniin syventymisen takia, vapautuneena ulkoisten kohteiden todellisuuden tunteesta, vain nähtävästi nauttien niistä kun toiset tarjoavat niitä, kuten nukkuva tai vauva havaiten maailman jonakin mikä nähdään unessa ja tunnistaen sen vain silloin tällöin, sellainen ihminen on harvinainen. Hän on sanoinkuvaamattomien ansioiden nauttija, häntä pidetään totisesti siunattuna ja häntä kunnioitetaan kaikkialla maailmassa.

-Vivekachudamani

ॐ

13. luku

Jumaluutta ei voi lainata – Paundra Vasudevan tarina

Äiti istui pienessä huoneessa, joka toimi kirjastona. Henkisen egon hienosyinen olemus nostettiin jälleen esiin. Eräs brahmachareista kysyi: "Amma, puhuessasi eilen henkisen ihmisen egon hienosyisestä olemuksesta sanoit, että joskus sellaiset ihmiset jopa käyttäytyvät kuin typerykset. Kuinka he voivat mennä niin äärimmäisyyksiin?"

Äiti: "Lapset, miksipä ei? Kun ihmiset innostuvat liikaa halutessaan tulla kuuluisaksi ja olla muiden kunnioittamia, he joskus käyttäytyvät typerästi. Näin käy, koska ihminen menettää erottelukykynsä silloin, kun mieli joutuu pakkomielteen valtaan. Mielen selkeys katoaa, ja muut voivat helposti käyttää häntä omien tarkoitustensa välikappaleena. Halutessasi tulla tunnetuksi suuruudestasi, ja halutessasi ihmisten arvostavan sinua, ja laulavan ylistyslaulujasi menetät kykysi ilmaista itseäsi spontaanisti, ja käytöksestäsi tulee epäluonnollista. Saatat alkaa uskoa, että se, mitä muut ihmiset sanovat sinusta on totta, ja että ellet käyttäydy tietyllä tavalla, sinua ei pidetäkään suurena. Ja niin päädyt käyttäytymään typerästi. Ollessasi niin lumoutunut muiden antamasta tunnustuksesta ei edes muiden antamasta hyvästä neuvosta ole hyötyä, koska et pysty katsomaan totuutta silmiin.

Lapset, tunnetteko tarinan Paundra Vasudevasta, joka teeskenteli olevansa Krishna? Paundra Vasudeva oli Karurushan kuningas Krishnan hallitessa Dwarakaa. Paundra oli liian kiintynyt asemaansa kuninkaana, ja hän halusi alamaistensa palvovan häntä. Sekä hän että Kashin (Varanasin) kuningas olivat Krishnaa vastaan. He olivat kateellisia Krishnan maineesta ja siitä, kuinka ihmiset arvostivat ja palvoivat häntä. Lopulta suuressa maineen ja tunnustuksen himossaan Paundra suunnitteli yhdessä Kashin kuninkaan kanssa salajuonen Krishnan pään menoksi. He ilmoittivat julkisesti, että Dwarakassa elävä Krishna oli väärennös, ja ettei hän ollutkaan Vishnun inkarnaatio. Todellinen Krishna, todellinen Vishnun inkarnaatio ei olisikaan kukaan muu kuin Paundra itse.

Kun ihmiset kuulivat tämän, he sanoivat, että jos Paundra oli todellinen Vishnun inkarnaatio, silloin hänen tulisi pitää neljässä pyhässä kädessään jumalallisia tunnusmerkkejä eli näkinkenkää, kiekkoa, nuijaa ja lootuskukkaa. Tämän vuoksi Paundra, joka nyt oli alkanut itse uskoa todellakin olevansa Vishnu, kiinnitti joissakin tilaisuuksissa olkapäilleen kaksi puista kättä niin, että hänellä vaikuttaisi olevan neljä kättä. Hän myös piti huolta siitä, että hänellä oli neljän pyhän merkin jäljennökset. Paundra innostui niin, että hän teetti jopa puisen *Garuda*-kotkan. Valitettavasti puinen Garuda ei lentänyt, ja se kiinnitettiin siksi kuninkaan vaunun katolle. Paundra käski vaimonsa pukeutumaan kuin Lakshmi-jumalatar, ja he sitten kulkivat yhdessä ympäri kaupunkia siunaamassa ihmisiä vaunun katolla olevan Garudan päällä istuen. Paundrasta tuli yleinen naurunaihe. Monet ajattelivat hänen tulleen hulluksi.

Ne Paundran alamaiset, jotka olivat Krishnan seuraajia, pitivät kuninkaansa julistusta häpeämättömänä ja suuttuivat siitä. He eivät uskaltaneet puhua häntä vastaan suoraan mitään, mutta he pilkkasivat häntä äänekkäästi nähdessään hänet kaupungilla omituisessa vaunussaan. He sanoivat: 'Oho, kylläpä kuninkaamme näyttää Krishnalta! Hänen pitäisi käyttää kruunua, jossa on riikinkukon sulka, ja hänen pitäisi pidellä huilua kauniissa käsissään. Ja ajattele, kuinka lumoavaa olisi, jos hänellä olisi tummansininen iho! Oikeastaan hänen tulisi pyytää itselleen Dwarakassa asuva vale-Krishnalta kaikki hänen jumalalliset aseensa, sillä eihän sillä huijarilla ole oikeutta kantaa niitä. Ne kuuluvat omalle kuninkaallemme, suurelle Paundra Vasudevalle.'

Aina kun Paundra meni ulos, hän kuuli tällaisia kommentteja. Jopa hänen lähellään olevat ihmiset, hänen perheensä ja hovinsa,

144

alkoivat tehdä vastaavanlaisia huomautuksia. Kuningas innostui kuulemastaan niin, että hän värjäsi ihonsa siniseksi ja alkoi pukeutua kuin Sri Krishna. Hän käveli ympäriinsä juuri samanlaisessa asussa kuin Krishna pidellen huilua käsissään, vaikka hänellä ei ollut aavistustakaan siitä, kuinka sitä soitetaan. Ja vähitellen hän alkoi uskoa olevansa Vishnu, tai Krishna. Joskus Vishnu ja joskus Krishna. Mutta näytelmä ei loppunut siihen. Pitäen alamaistensa puheita vakavasti otettavina hän halusi myös Krishnan aseet itselleen. Niinpä hän lähetti Dwarakaan viestin: 'Lehmipaimen, olet pelkkä väärennös. Anna minulle jumalalliset aseet, jotka kaikki kuuluvat oikeutetusti minulle, oikealle Krishnalle, oikealle Vishnun inkarnaatiolle, tai valmistaudu kuolemaan taistelukentällä.'

Kun viestinviejä toi sanoman Krishnalle, Krishna vastasi: 'Hyvä on. Mutta haluaisin ojentaa aseet hänelle henkilökohtaisesti. Pyydä Paundraa tulemaan tänne.' Sri Krishna halusi antaa höperölle kuninkaalle kunnon opetuksen.

Paundra saapui ennalta sovittuun tapaamispaikkaan koko armeijansa mukanaan, valmistautuneena taistelemaan tarvittaessa. Hän oli pukeutunut Vishnun asuun. Krishna oli valmiina odottamassa häntä. Heti nähdessään Krishnan Paundra huusi niin kovaa kuin jaksoi: 'Huijari! Älä yritä temppuilla! Anna pois jumalalliset aseet ja kiekko, tai valmistaudu kuolemaan!' Seurasi taistelu, jossa Krishna tuhosi Paundran koko armeijan. Kun kaikki oli ohi, Krishna seisoi taistelukentällä pidellen jumalallista kiekkoa etusormellaan. Kujeileva hymy kasvoillaan hän sanoi: ' Paundra, olen tullut vain tätä tarkoitusta varten, antamaan sinulle tämän kiekon. Täältä se tulee! Ota kiinni, se on sinun!' Näin sanoen hän laski kiekon vapaaksi sormestaan. Voit arvata, mitä tapahtui. Kiekko leikkasi Paundran kaulan poikki ja kuningas kaatui kuolleena maahan. Näin Krishna, täydellinen mestari, tuhosi Paundran hölmön takertumisen maineeseen ja itsekorostukseen, ja vapautti hänet itse luodusta egosta."

Kysymys: "Tarkoittaako tämä sitä, että vain täydellinen mestari, joka on mielen ja egon tuolla puolen, voi pelastaa henkilön hienovaraisen egon otteesta?"

Äiti: "Juuri niin. Hienovaraisen egon lävistämiseen tarvitaan jumalallisen kiekon (*sudarshana chakran*) kaltainen tavattoman voimakas ase. Mutta tämä ase on vain täydellisen mestarin hallinnassa. Se on todellisen tiedon ase, mestarin kaikkitietävyyden, kaikkivoipaisuuden ja kaikkiallisen läsnäolevuuden ase.

Henkilö, joka haluaa hullun lailla mainetta, valtaa ja arvonantoa, haluaa tarttua kaikkeen maailmassa. Hänestä tulee niin höpsö, että hän saattaa jopa julistaa: 'Minä olen suurin ja siksi minulla on oikeus tehdä mitä tahansa.' Hän menettää tyystin arvostelukykynsä ja on täysin vallan ja itsekorostuksen ajatusten vallassa.

Tällä lailla sokeutuneet ihmiset todennäköisesti unohtavat Jumalan. Juostessaan hullun lailla kunnioituksen ja arvostuksen perässä he joskus esittävät taisteluhaasteen Jumalalle. Kun he tekevät tämän, se merkitsee, että he joutuvat paljastetuksi.

Jumaluutta ei voi lainata tai jäljitellä. Jumalallista rakkautta ja muita jumalallisia ominaisuuksia ei voida matkia.

ॐ

14. luku

Tänä yönä oli suuri juhla, Tiruvatira, jota juhlitaan kaikkialla Keralassa. Intiassa ajatellaan Shivan ja Parvatin olevan maailmankaikkeuden isä ja äiti. Tiruvatira-päivänä Keralan naimisissa olevat naiset paastoavat ja rukoilevat miestensä hyvinvoinnin puolesta. Traditioon kuuluu myös, että heidän tulisi pysytellä yö hereillä rukoillen ja laulaen ylistystä Shivalle ja Parvatille.

Ryhmä kylästä tulleita vanhempia naisia sekä joitakin *ashramissa* asuvia naisia seisoi piirissä temppelin etupihalla. He olivat alkamassa tanssia Tiruvatirakalia, vanhaa perinteistä keralalaista naisten esittämää kansantanssia.

Ashramin asukkaat istuivat temppelin edessä. Äiti istui *mailanchy*-puun alla noin kahdentoista lapsen ympäröimänä. Jotkut lapsista olivat naapuristosta, jotkut olivat seuraajien lapsia. Äiti oli leikkisällä päällä. Hänen suunnastaan kuului naurua ja kovaäänistä keskustelua. Kaikkia kiinnosti enemmän se, mitä Äiti teki, kuin tanssin seuraaminen. Mutta vaikka kaikki katsoivatkin häntä, kukaan ei mennyt lähelle ja siten häirinnyt kaunista näkymää Äidistä ja lapsista.

Nyt vanhemmat naiset aloittivat perinteisen laulun ja tanssin. He lauloivat

Thirukathakal Padam

Oi Jumalatar Durga, oi Kali,
poista kurja kohtaloni.
Rukoilen joka päivä
saadaksesi ilmestyksesi.

147

Salli minun laulaa pyhien tekojesi ylistystä.
Anna minulle lahja,
pyydän, kun laulan ylistystäsi,
tule sydämeeni.

Oi Veedojen syvin olemus,
en tunne meditaatiomenetelmiä
eikä lauluni ole melodista.
Ole minulle armollinen,
anna minun vajota autuuteen.

Sinä olet Gayatri,
sinä olet maine ja Vapautus,
Katyayani, Haimavati ja Kakshayani.
Sinä olet Oivalluksen sielu,
ainoa turvani.

Oi Devi,
anna minulle voimaa puhua
olennaisista asioista.
Ymmärrän sen, että ilman sinua,
maailmankaikkeuden ruumiillistumaa,
ei Shivaa, kaiken alkusyytä,
enää olisi olemassa.

Tämä on 'se'

Laulu kiihtyi hyvin nopeaksi. Nyt Äiti nousi paikaltaan, jossa hän oli istunut lasten kanssa ja meni tanssivien naisten luo. Hän näytti olevan innoissaan ja samalla jumalallisesti päihtynyt, ja hän liittyi tanssiin. Hänen kasvoillaan oli viaton ilme, mikä sai hänet näyttämään jumalalliselta lapselta tanssivien naisten keskellä. Naiset olivat haltioissaan saadessaan Äidin joukkoonsa tanssimaan.

Eräässä vaiheessa tanssia vastakkain olevat naiset muodostivat parin ja löivät käsiään yhteen. Toisessa maailmassa oleva Äiti tanssi yhä, mutta omalla autuaallisella tavallaan. Hänen silmänsä olivat kiinni, ja molemmat kädet olivat jumalallisissa *mudrissa*. Tanssittuaan jonkin aikaa piirissä muiden naisten kanssa Äiti siirtyi keskelle, jossa hän jatkoi autuaallista tanssiaan. Ihmiset lauloivat Jumalatar Parvatia ylistävää laulua.

Jonkin ajan kuluttua Äiti lopetti tanssin, ja seisahtui paikalleen. Hänen ulkoinen olemuksensa ja kasvonsa säteilivät jumalallista loistoa. Hän näytti aivan samalta kuin ollessaan *Devi-bhavassa*. Selvästikin hän oli yhä jumalallisessa mielentilassaan. Ihmiset jatkoivat tanssimista ja laulamista kappale toisensa jälkeen, kunnes Äiti lopulta istui alas maahan, yhä tuossa sisäänpäinkääntyneessä tilassa.

Seuraajilla oli vahva tunne siitä, että Äiti oli Jumalatar Parvatin mielentilassa. Kukapa tietää? Ehkäpä hän ilmensi tuota tilaa, jotta he hyötyisivät siitä. Mikään ei ole mahdotonta sellaiselle, joka on yhtä perimmäisen Brahmanin kanssa. Sellainen henkilö voi halutessaan ilmentää, mitä tahansa jumaluuden aspektia, milloin hyvänsä.

Kun Äiti palasi tavalliseen tietoisuudentilaansa, eräs seuraajista sanoi: "Amma, meistä tuntui vahvasti siltä, että olit Jumalatar Parvatin mielentilassa." Äiti osoitti ensin itseään ja sitten ylöspäin ja sanoi: 'Tämä on Se.' Pienen tauon jälkeen hän jatkoi: "Manifestoitunut tai ei, tämä on Se. Älkää erehtykö pitämään tätä kehona. Keho on pelkkä kuori. Kuoren tuolla puolen on äärettömyys."

Äidin kasvoilla oleva käsittämätön ilme ja hänen sanansa näyttivät tulevan suoraan korkeimmalta tietoisuudentasolta. Jos asiaa mietti hiukan, ei ollut vaikeaa havaita, että Äiti sanoi, vaikkakaan ei suoraan, olleensa Parvatin jumalallisessa mielentilassa. Tuollaisen ilmoituksen suuri syvällisyys kosketti syvästi kaikkien sydäntä.

Feminiinisten ominaisuuksien tärkeys etsijässä

Muutama minuutti vietettiin hiljaisuudessa, kunnes eräs vierailija ei enää voinut vastustaa kiusausta esittää kysymys. "Amma, olen kuullut, että on olemassa kahdenlaisia oppilaita: niitä, jotka ovat etupäässä intellektuellisia ja niitä, jotka ovat luonteeltaan enemmän feminiinisiä. En usko ymmärtäneeni tätä kunnolla. Voisitko ystävällisesti valaista tätä seikkaa minulle?"

Äiti: "Henkiseen oivallukseen ei voida päästä ilman rakkautta, antaumusta ja avoimuutta, joka sallii henkilön vastaanottaa todellista tietoa todelliselta mestarilta. Älypainotteisen etsijän olisi siksi yritettävä luoda tasapaino älyn ja sydämen välille. Hänellä on oltava valtava rakkaus mestaria kohtaan ja samalla kunnon ymmärrys mestarin kaikkitietävästä luonteesta.

Jos olet liian intellektuellinen, voi syntyä epätasapainotila, ja sinusta tulee liian egoistinen. Äly on järkeilyä. Se pystyy vain tutkimaan ja leikkaamaan. Se ei kykene yhdistämään. Se ei auta kehittämään uskoa ja rakkautta, jotka ovat olennaisen tärkeitä tekijöitä henkisen etsijän sisäisessä kasvussa. Liiallinen äly ei ole hyväksi etsijälle, koska silloin häneltä tulee puuttumaan rakkautta ja antaumusta mestaria kohtaan. Ellei sinulla ole rakkautta ja nöyryyden sekä itsestä luopumisen asennetta, mestari ei voi antaa sinulle todellista tietoa.

Ellei kaikkivoipainen mestari ota huolehtiakseen pääasiallisesti intellektuellisesta etsijästä, on häntä hyvin vaikea kouluttaa. Vain täydellinen mestari voi murtaa hänen egonsa, ja tuoda esiin hänen todellisen olemuksensa. Sen jälkeen hän voi edelleen säilyttää älylliset ominaisuutensa, ja olla ulospäin sellainen, mutta sisäisesti hän on hyvin harras. Näiden kahden ominaisuuden välillä vallitsee täydellinen tasapaino.

Kun mestari on työskennellyt egon parissa, egosta tulee hyödyllinen maailmalle. Hänen luonteensa jalostuu ja uudelleen muotoutuu, ja mestarin armon ansiosta hänen egonsa on hyvin hallinnassa.

Kun ego on täysin hallittu, mestarin armosta, oppilas tekee kaiken mestarin nimissä. Mestari tekee kaiken hänen kauttaan, eikä hänellä itsellään ole sijaa siinä, mitä hän tekee. Hänen asenteensa on: 'Minä olen vain väline. Kaikkivoipainen mestarini tekee kaiken minun kauttani.' Hän katsoo kaiken johtuvan mestarista, eikä ota itselleen kunniaa mistään. Mutta samalla hänellä on seikkailunhaluinen mieli ja valtava rohkeus. Hänellä on voima ottaa suorittaakseen mahdottomalta vaikuttavia tehtäviä, ja ajaa ne päätökseen. Mutta kukaan muu kuin *satguru* ei voi työstää, muovata ja uudelleen rakentaa oppilaan egoa. Jos etsijällä ei ole opettajaa tai opettaja on epäpätevä, hänen luonteeseensa syntyy vain uutta epätasapainoa, tavalla tai toisella. Tämä puolestaan saa aikaan paljon vahinkoa muille ihmisille ja koko yhteiskunnalle. Hän yrittää pian itse olla *guru*. Hänet saatetaan nähdä yrittämässä koota omaa oppilasryhmää ja rakentamassa omaa *ashramia*.

Raman suuressa seuraajassa Hanumanissa voidaan nähdä suurenmoinen sekoitus miehekkäitä ja naisellisia ominaisuuksia. Hän teki kaiken rakkaan Ramansa nimissä, eikä ottanut itselleen kunniaa mistään. Vaikka Hanuman onnistui suorittamaan erittäin vaikeita tehtäviä, hän ei koskaan ollut ylpeä saavutuksistaan. Päinvastoin, hän pysyi mestarinsa Raman nöyränä ja tottelevaisena palvelijana. 'Ei minun voimastani, vaan Raman armosta,' oli aina hänen asenteensa.

Feminiinisillä ominaisuuksilla varustetut oppilaat ovat täysin erilaisia. He eivät halua mennä ulos saarnaamaan, eivätkä he halua huomiota tai kunnioitusta. He eivät ole huolissaan edes Itsen oivaltamisesta. Heidän ainoa toiveensa on, että he saavat olla mestarin fyysisessä seurassa ja palvella häntä. Se on heidän *tapasinsa*. He eivät tiedä sitä korkeampaa henkisyyttä olevan olemassakaan. Heille ei ole olemassa mestaria korkeampaa totuutta. Heidän asenteensa on: 'Mestarini, maailmani, kaikki kaikessa minulle.' Sellaisen oppilaan sydän on täynnä rakkautta ja kiintymystä mestaria kohtaan. Tätä suhdetta ei voi selittää logiikan ja järkeilyn keinoin. Sitä voidaan verrata vain *gopien* rakkauteen Krishnaa kohtaan: rakkaus, rakkaus, rakkaus ja rakkaus. Ylitsevuotavainen rakkaus. Siinä se on. Heitä ei kiinnosta mikään muu."

Sitten Äiti kertoi tarinan eräästä Buddhan oppilaasta.

"Eräänä päivänä yksi oppilas vain katosi. Kukaan ei löytänyt häntä mistään. Kului seitsemän päivää, eikä vieläkään kukaan tiennyt, missä hän oli. Sitten Buddha löysi hänet makaamasta *ashramin* katolla. Buddha tiesi hänen olevan siellä ja tiesi hänen valaistuneen. Buddha piteli hänen kättään ja sanoi: 'Tiedän, että olet saavuttanut *nirvanan*.'

Oppilas vastasi: 'Rakas mestarini, tiedän niin käyneen, sinun ei tarvitse vahvistaa asiaa. Itse asiassa pelkään sinun vahvistustasi, koska seuraavaksi sanot minulle: "Nyt, kun olet saavuttanut *nirvanan*, sinun on mentävä ulos saarnaamaan, sinun on levitettävä totuuden sanomaa kaikkialle maailmaan." Pelkään, Herrani, koska paljon mieluummin pysyisin tietämättömänä sinun seurassasi kuin lähtisin pois luotasi maailmaan täysin oivaltaneena.'

Tämä on feminiinisillä ominaisuuksilla varustetun oppilaan asenne. Hän on aina syvästi rakastunut mestariinsa. Feminiinisen oppilaan sydän on niin täynnä rakkautta mestaria kohtaan, että hän haluaa aina olla fyysisesti hänen seurassaan. Se on hänen elämänsä täyttymys. Se on hänen korkein oivalluksensa."

Mestari on maailmankaikkeus ja sen tuolla puolen

Kysymys: "Amma, olen kuullut sinun sanovan, että mestarille kumartaminen äärimmäisen nöyränä vastaa kaikelle olemassaololle kumartamista. Selittäisitkö meille mitä tarkoitat?"

Äiti: "Lapset, vasta tultuanne täysin egottomaksi pystytte kumartamaan koko luomakunnalle. Kun egoa ei ole, ylitätte mielen rajoitukset ja tulette kaiken läpäiseväksi Itseksi. Kun näette kaiken omana Itsenänne, voitte vain kumartaa ja hyväksyä. Kun menette egon tuolle puolen, teistä tulee ei-mikään. Mutta samalla teistä tulee avaruuden lailla koko luomakunta.

Krishna leikki lapsena ystäviensä kanssa. He leikkivät kaikenlaisia mielikuvitusleikkejä, niin kuin lapset tekevät, ja heillä oli hauskaa. Kerran he aikoivat syödä. Eräs lapsista valmisti hiekasta aterian jokaiselle. Se oli olevinaan riisiä. Kaikkien piti teeskennellä syövänsä, mutta Krishna oikeasti söi hiekan. Krishnan vanhempi veli Balaram ja muut juoksivat kiireen vilkkaa Krishnan kasvattiäidin Yashodan luo kertomaan, mitä oli tapahtunut. Yashoda tarttui Krishnaan ja pyysi häntä avaamaan suunsa. Ja katso! Hän näki siellä koko universumin. Hän näki siellä auringon, kuun, tähdet, linnunradan ja kaikki galaksit. Hän näki vuoret, laaksot, metsät, puut, eläimet. Yashoda näki koko maailmankaikkeuden Krishnan sisällä.

Vastaavanlainen tapahtuma sattui Kurukshetran taistelun aikana Krishnan antaessa Bhagavad Gitassa kuvattua opetusta Arjunalle. Krishna paljasti Arjunalle kaikkeudellisen olomuotonsa Arjunan pyydettyä sitä. Arjuna näki koko maailmankaikkeuden Krishnan olemuksessa. Hän näki jopa Pandavoiden ja Kauravoiden armeijat Krishnan keholla.

Mitä tämä tarkoittaa? Se tarkoittaa, että koko maailmankaikkeus on todellisessa mestarissa. Krishna oli todellinen mestari, ja todellinen mestari on Jumala. Hänen tietoisuutensa on yhtä kaikkeudellisen tietoisuuden kanssa. Hänen tietoisuutensa ja se tietoisuus, joka loistaa kaikessa luodussa, ovat yksi ja sama. Sellaisella suurella mestarilla on ääretön määrä kehoja, ääretön määrä silmiä. Hän näkee, kuulee, haistaa, syö ja hengittää jokaisen kehon kautta. Hän on äärettömyys itse. Sellaiselle mestarille täydellisessä nöyryydessä antautuminen on sama kuin kaikelle olemassaololle antautuminen ja koko luomakunnalle kumartaminen.

Siinä tilassa oivallat, että mikään ei ole erilaista kuin sinä eikä erillään sinusta. Kaikelle olemassaololle kumartaminen on myös täydellistä hyväksymistä. Lakkaat taistelemasta elämässäsi esiin tulevia tilanteita vastaan. Taistelet ja kamppailet vain, jos sinulla on ego ja olet samaistunut kehoosi. Kun ravistat egon kahleet yltäsi, taistelu ei enää ole mahdollista. Voit vain hyväksyä.

Egoistinen ihminen pitää kaikkia muita kuin itseään tietämättöminä typeryksinä. Todellinen *mahatma* sen sijaan näkee jokaisen oman Itsensä jatkeena. Itseoivalluksen tilassa ei voida torjua mitään, silloin voidaan vain hyväksyä. Avaruus hyväksyy kaiken, hyvän ja pahan. Joki hyväksyy kaiken, ja valtameri hyväksyy kaiken. Voit mahduttaa olemukseesi kaiken, mitä tahansa, kun sinusta tulee valtaisa kuin universumi. Kun mielesi ja egosi katoavat, sinusta tulee äärettömyys. Avaruus ja luonto ottavat vastaan niin tehtaiden saastuttaman ilman kuin kukkien suloisen tuoksunkin. Ne syleilevät kaikkea. Samoin todellinen *mahatma* toivottaa tervetulleeksi kaiken, sekä kielteisen että myönteisen. Hän ottaa luokseen jokaisen, ja ehtoja asettamattomassa rakkaudessaan ja äärettömässä myötätunnossaan vastaa heille vain armollaan ja siunauksillaan.

Lapset, oletteko kuulleet tämän tarinan? Eräs naimaton kylän tyttö synnytti lapsen. Aluksi hän ei suostunut kertomaan kenellekään, kuka isä on, mutta toistuvien kyselyiden jälkeen hän lopulta nimesi erään korkeasti kunnioitetun henkisen mestarin kylän ulkolaidalta isäksi. Tytön vanhemmat ryntäsivät mestarin kotiin kyläläisten saattelemana. He parjasivat häntä, mukiloivat hänet ja syyttivät häntä tekopyhyydestä. He toivat lapsen hänelle ja määräsivät hänet pitämään huolta siitä. Mestari otti lapsen syliinsä, katsoi sitä rakastavasti ja sanoi: 'Hyvä on, olkoon niin.' Siitä lähtien *mahatma* hoivasi lasta suurella huolella, samanlaisella rakkaudella ja hellyydellä kuin äiti pitäisi huolta omasta lapsestaan. Mestarin maine oli mennyttä. Kyläläiset ja hänen oppilaansa hylkäsivät hänet. Silti mestari sanoi: 'Hyvä on, olkoon niin.' Kului vuosi. Huono omatunto vaivasi lapsen synnyttänyttä tyttöä, ja lopulta hän tunnusti, että isä oli naapurissa asuva nuori mies, eikä suinkaan viaton pyhimys. Katumus valtasi tytön vanhemmat, kyläläiset ja mestarin oppilaat. He kaikki menivät mestarin luo ja lankesivat hänen jalkojensa juureen pyytäen hänen anteeksiantoaan. Ja he pyysivät häneltä lapsen takaisin. Hämmentymätön *mahatma* hymyili ojentaessaan lapsen heille. Hän siunasi jokaisen ja sanoi jälleen tyynesti: 'Hyvä on, olkoon niin.'

Näin suhtautuu todellinen *mahatma*. Hän kumartaa olemassaololle. Hänen luonteeseensa ei kuulu torjua mitään. Hän ei sano elämälle ja sen kokemuksille 'ei.' Hän sanoo yksinkertaisesti 'kyllä' kaikelle, mitä elämä hänelle tuo. Hän ei kiroa eikä kosta, hän antaa vain anteeksi ja siunaa.

Jos ei oteta ihmisiä lukuun, koko luomakunta on esimerkki kiitollisuudesta Luojaa kohtaan niistä äärettömistä siunauksista, joita hän vuodattaa sen ylle. Jopa linnut ja eläimet elävät elämäänsä kiitollisuudessa. Mikään ei poikkea omasta luonnostaan, ei kasvikunnassa eikä eläinkunnassa. Kaikki elää luonnonlakien mukaan. Mutta älykkäiksi kutsutut ihmiset rikkovat lakeja ja häiritsevät luonnon rauhaa. He häiritsevät toisten elollisten olentojen elämää ja muita elämänmuotoja.

Jumala on siunannut ihmistä runsain lahjoin, mutta ihminen muuttaa kaiken kiroukseksi. Tämä elämä on suurenmoinen siunaus. Mielemme, kaikki kehomme raajat, terveytemme ja rikkautemme – kaikki nämä ovat Jumalalta saatuja siunauksia. Mutta mitä me teemme niillä? Käytämme käsiämme väärien tekojen tekemiseen, jalkojamme viemään meidät vääriin paikkoihin ja silmiämme katsomaan rumia asioita. Käytämme mieltämme vääryyksien suunnittelemiseen ja pahan ajattelemiseen toisista. Käytämme älyämme keksimään tuhoisia asioita ja omaisuuttamme käytämme vain omiin itsekkäisiin tarkoituksiimme. Olemme tehneet elämästä kirouksen niin itsellemme kuin muille.

Kerran kaikki olennot menivät Brahman, luojajumaluuden luo. Kaikilla oli kiihkeä halu päästä vapaaksi elämän surusta ja kärsimyksestä. Ensin astui esiin sika. Hän aneli: 'Oi kaiken luoja, onko tästä kärsimyksestä pakotietä? Onko lajillani mitään toivoa?' Luoja nyökkäsi ja sanoi: 'Kyllä lapseni. Tietysti.' Seuraavaksi tulivat esiin härkä, koira ja norsu. Ne kaikki itkivät ja kysyivät saman kysymyksen. Ja Luoja vastasi niille: 'Teillä kaikilla on toivoa.' Sitten ihminen tuli ja esitti saman kysymyksen. Brahma katsoi ihmistä, ja yhtäkkiä Luoja itse puhkesi itkemään."

Seurasi valtava naurunremakka. Kun se oli laantunut, Äiti sanoi: "Tänään on Tiruvatira. Meidän kuuluisi laulaa ylistystä Shivalle ja Parvatille. Siis lauletaanpa ja tanssitaanpa nyt." Sitten Äiti alkoi spontaanisti laulaa korkeimman antaumuksen ylevöityneessä mielentilassa. Kaikki vastasivat lauluun suurella rakkaudella ja innostuksella. Laulu, jota laulettiin, oli *Indukaladhara*. Äiti lauloi kertosäkeen useaan otteeseen hyvin nopeatempoisesti.

Indukaladhara

Shambho Shankara Shambho Shankara
Shambho Shankara Shiva Shambho

Oi Shivaa,
joka kantaa kuunsirppiä
otsallaan,
jonka rastatukassa
pyhä Gangesjoki virtaa,
jonka kehoa koristavat käärmeet
ja joka tuoksuu jumalalliselle.
Minä kumarran
tuon perimmäisen Jumalan
pyhien jalkojen juureen.

Oi Herraa,
kaiken alkusyytä,
häntä, joka on äärimmäisen myötätuntoinen
seuraajiaan kohtaan,
suurta Jumalaa,
joka jakaa lahjojaan,
pitää kädessään kolmikärkeä
ja jonka jalkoja
myös taivaalliset olennot palvovat.
Oi kaikkien vitsausten tuhoajaa!
Shambho Shankara....

Oi maailmankaikkeuden Herra,
haen turvaa jalkojesi juuresta.
Oi Herra, Parvatin rakastettu,
oi Myötätuntoinen,

poista loputtomat suruni
ja anna minulle turvapaikka
jalkojesi juuresta.

Kaikki näyttivät olevan ekstaasissa. Eräässä vaiheessa Äiti nousi ylös ja alkoi tanssia. Muutkin nousivat ylös.

Kaikki taputtivat käsillä rytmiä ja lauloivat kovaan ääneen. He muodostivat täydellisen ympyrän Äidin ympärille. Heidän laulaessaan kertosäettä, "Shambho Shankara Shambho Shankara...", he liikkuivat hitaasti ja rytmikkäästi Äidin ympäri. Äiti pysyi piirin keskellä ja tanssi korkeimmassa autuudessa.

Suuren mestarin kanssa eläminen on sanoinkuvaamaton kokemus. Se on kuin jatkuvaa juhlaa, jokainen hetki on juhlaa. Sanskritinkielinen juhlaa tarkoittava sana on *utsavam*. Sen alkumuoto on *utsravam*, joka tarkoittaa ylösnousemista ja virtaamista, tai ylitsevuotavaisuutta. Kaikki juhlat symbolisoivat puhtaan autuuden ja tietoisuuden ylitsevuotavaisuutta. Etenkin temppeleissä vietettävät juhlat ovat henkisen energian ja autuuden ylitsevuotavaisuuden symboleja. Rukouksen, meditaation, resitaation ja jumalanpalvelusten synnyttämä henkinen energia täyttää temppelialueen, kohoaa temppelipihan muurien tasalle ja vuotaa niiden yli valuen koko kylään tai kaupunkiin, jossa temppeli sijaitsee, ja puhdistaa koko ympäristön. Tämä on vuotuisten temppelijuhlien taustalla oleva idea.

Äidin seurassa tämä ilmiö on lakkaamaton. Hänestä vuotaa ylitse jatkuva loppumaton henkisen energian virta hänen seuraajiensa sydämiin. He kokevat tuon jumalallisen energian imiessään sitä itseensä. Niin tapahtui äsken ja niin tapahtuu aina.

Laulu ja tanssi jatkuivat, kunnes Äiti yhtäkkiä tuli ulos piirin keskeltä ja käveli kohti *ashramin* eteläkärkeä, takavesien rannalle. Naiset lopettivat tanssin äkisti aivan kuin katkaisijasta olisi käännetty virta pois päältä. Kaikki kääntyivät katsomaan, mitä Äiti aikoi tehdä, mutta kukaan ei seurannut häntä, koska hän oli antanut vaikutelman kuin hän haluaisi olla yksin. Eräs vanhemmista *brahmachareista* kehotti kaikkia siirtymään meditoimaan. Muutaman minuutin päästä kaikki lähtivät, ja viettivät yön rukouksen ja meditaation parissa.

ॐ

15. luku

Onko kiintymys ulkoiseen Guruun tärkeää?

Äiti vastasi erään länsimaalaisen esittämään kysymykseen.

Kysymys: "Amma, jotkut ovat hyvin kiintyneitä sinun ulkoiseen ilmentymääsi. He rakastavat sinua niin paljon, että he haluavat jatkuvasti vain olla sinun lähelläsi. Sitten on ihmisiä, jotka eivät ole tuolla lailla kiintyneitä, vaikka he aidosti haluavat oivaltaa Jumalan. He rakastavat sinua, mutta he ovat sitä mieltä, että sinun ulkoiseen olemukseesi kiintyminen tuottaa kipua ja siksi he pysyvät poissa. Amma, onko mestarin fyysiseen hahmoon kiintyminen aivan välttämätöntä vai riittääkö se, että kaipaa Jumalan oivaltamista?"

Äiti: "Kaikkein tärkein piirre todellisessa *sadhakassa* on täydellisen itsestä luopumisen ja hyväksymisen asenne. Henkisen kehityksen alkuvaiheissa on vaikea antautua ja hyväksyä kaikki, etenkin, jos ei ole ketään opastamassa, ja josta ottaa esimerkkiä. Vähintäänkin halu antautua pitäisi olla olemassa. Mutta hämmennystä saattaa herätä siitä, kenelle ja mille tässä pitäisi antautua, ja kuinka se tehdään. Ennen kuin olet oivaltanut Itsen, sinulla on vain heikko aavistus kaikista henkisyyden puolista. Epävakaa, epäilevä mielesi heittää jatkuvasti ilmaan kysymyksiä. Jos paikalla ei ole ketään opastamassa sinua, joudut hämmennyksen valtaan, joudut helposti harhaan etkä tiedä, mitä tehdä. Niinpä aluksi tarvitaan todellista mestaria, henkilöä, josta ottaa mallia ja jolta oppia todellista antautumista ja hyväksyntää. Antautuminen ja hyväksyntä ei ole jotakin, mitä voidaan noin vain opettaa. Et voi oppia sitä kirjoista etkä hankkia sitä koulusta tai yliopistosta. Se kehittyy sisälläsi sen valtavan innoituksen ansiosta, jonka saat mestarin seurassa, sillä mestari on kaikkien jumalallisten ominaisuuksien kehollistuma. Mestarissa näet, mitä todellinen antautuminen ja hyväksyntä on, ja näin saat itsellesi todellisen esimerkin, jotain kouriintuntuvaa, josta ottaa mallia ja johon sitoutua. Mestarin valtavan inspiroiva ja sinua muuntava seura synnyttää sinussa syvän rakkauden häntä kohtaan ja välillenne kehittyy voimakas side. Antautuminen ja hyväksyntä syntyvät yleensä puhtaan rakkauden alkaessa ilmetä sisällä."

Kuin huolehtiva äiti

"Hengellisen rakkauden alkuvaiheissa vallitsee asenne: 'Minä olen seuraajasi, oppilaasi, palvelijasi tai rakastajasi, ja sinä olet Jumalani, mestarini tai rakastettuni.' Tämän jakson aikana olet rakastunut mestariin, ja siksi et pääse hänen ulkoisen olemuksensa yli. Olet niin kiintynyt hänen muotoonsa, että et haluakaan mennä sen tuolle puolen. Koska tämä on alkutaipaletta, opit hitaasti antautumaan ja hyväksymään, mutta et täydellisesti. Henkisessä mielessä olet vastasyntynyt lapsi, koska et tiedä henkisyyden maailmasta mitään. Aivan kuten vauva juo vain äitinsä rintamaitoa, eikä tiedä mistään muusta kuin hänen sylinsä lämmöstä, henkinen vauva sinussa tietää vain ulkoisesta mestarista ja hänen fyysisestä läheisyydestään. Mitä sinuun tulee, mestarin ulkoinen olemus on koko henkisyyden maailma, ja sinä kiinnyt siihen valtavasti. Tarvitset mestarisi fyysistä seuraa ja hänen lämpöään, ja kaipaat sitä aina.

Aivan kuten itku on lapsen ainoa keino tehdä tunteensa tiettäväksi, oli kyseessä sitten nälkä, jano tai kipu, henkisyyden alkuvaiheissa sinulla on vain yksi keino ilmentää sydäntäsi, ja se on voimakkaan kaipauksen kyynelten vuodattaminen. Mestari sitoo sinut rakkaudellaan ja hänestä tulee elämäsi ehdoton keskipiste. Tuossa jumalallisen, ehtoja asettamattoman rakkauden kokemuksessa sinulla ei ole mitään sanottavaa. Vuodatat vain hiljaa rakkauden ja kaipauksen kyyneleitä.

Synnyt henkisenä lapsena täysin outoon ja tuntemattomaan maailmaan. Lapsi tarvitsee lämpöä ja äitinsä rakkautta. Äiti tuntee lapsensa sydämen, ja tekee hänen puolestaan kaikki. Hänen rintansa täyttyvät spontaanisti maidosta vauvan ollessa nälkäinen. Äiti tietää intuitiivisesti, jos lapsella on kipua tai epämukava olo. Jos se makaa ulosteissa ja virtsassa, äiti tulee ja kylvettää sen, ja vaihtaa sen vaatteet. Vauva nukahtaa kuunnellen äitinsä ääntä hänen laulaessaan kaunista kehtolaulua. Lapsi ei voi elää ilman äitiään. Äiti tai äidillinen henkilö on lapsen terveelle kasvulle aivan välttämätön. Todellinen äiti ei huolehdi pelkästään lapsensa kehosta, vaan myös mielestä. Vauvan maailma pyörii äidin ympärillä. Se on täysin riippuvainen äidistään. Äiti on sille kaikkein kaunein asia maailmassa. Koska se on niin kiintynyt häneen, kaikki unet ja unelmat kiertyvät hänen ympärilleen.

Samalla tavoin henkinen mestari merkitsee *sadhakalle* kaikkea hänen hengellisen elämänsä alussa. Ei ole liioiteltua sanoa, että silloin mestari on todelliselle oppilaalle kaikki, jopa enemmän kuin Jumala.

Aivan kuten äiti on lapsensa koko maailma, todellinen mestari on kaikki aloittelevalle oppilaalle, lapselle henkisellä tiellä. Ja mestari välittää jopa enemmän henkisestä lapsestaan kuin äiti vastasyntyneestään.

Henkisen elämän alkuvaiheissa oppilas omaksuu lapsen roolin suhteessaan mestariin. Hänelle koko hengellisyys voidaan tiivistää seuraavasti: 'Minun mestarini, minun kaikkeni kaikessa.' Kaikki hänen kuvitelmansa ja unelmansa henkisyydestä kutoutuvat mestarin ympärille. Oppilas on äärimmäisen kiintynyt mestariinsa. Hän haluaa aina hänen rakkauttaan, huomaavaisuuttaan ja lämpöään ja hän haluaa aina olla hänen fyysisessä seurassaan. Hän ei saata kuvitella maailmaa tai elämää ilman mestariaan. Tämä on hyvin spontaani ja luonnollinen tunne seuraajan tai oppilaan taholta.

Mutta lapsi ei pysy lapsena ikuisesti, vaan hän kasvaa äidin pitäessä hänestä rakastavasti huolta. Samalla tavoin henkinen lapsi kasvaa mestarin opastuksessa, mutta hänen kasvunsa on sisäistä. Henkisen lapsen kasvaessa mestarissa ilmennyt äiti vaihtuu hiljalleen isäksi ja kouluttaja astuu esiin. Koulutuksen tarkoituksena on opettaa oppilaalle kiintymättömyyttä, itsestä luopumista ja hyväksyntää,

161

ei pelkästään ulkoista mestaria, vaan koko luomakuntaa kohtaan. Mestari ei ole pelkkä keho, hän on kaikessa läsnäoleva ja loistava voima, ja siksi hän opettaa oppilasta kumartamaan nöyryydellä kaikelle luodulle. Tämä valmennus nostaa oppilaan kapeakatseisuudesta uudelle korkeammalle tasolle, ja sallii hänen kokea kaiken laajemmin. Hän oivaltaa silloin, että kaikki, mitä on olemassa, on vain hänen oma mestarinsa. Mestarin antaman valmennuksen kautta oppilaaseen iskostuu, että mestari ei ole pelkkä fyysinen ihmiskeho, vaan koko luomakunnan täyttävä yksi ainoa tietoisuus. Oppilaan kasvaessa sisäisesti ja tullessa kypsemmäksi mestari antaa hänen tulla enenevässä määrin riippumattomaksi, mikä tarkoittaa: riippuvaksi omasta Itsestään.

Rakkauden loppuhuipentumassa rakastaja ja Rakastettu tulevat yhdeksi. Vielä tämänkin yläpuolella on tila, jossa ei ole rakkautta, rakastajaa tai Rakastettua. Tuota tilaa ei voida ilmaista sanoin. Mestari vie sinut lopulta sinne.

Mestarin toimintatapa on kaukana sanojen ulottumattomissa. Todellinen mestari ei sido oppilasta itseensä, päinvastoin kuin äiti maailmassa. Sen sijaan hän vie oppilaan kaikkien kehon rajoitusten ja kiintymysten yli, ja tekee hänestä täysin riippumattoman ja vapaan. Kiintymys mestarin keholliseen olemukseen vie sinut lopulta täydelliseen kiintymättömyyteen ja vapauteen. Vaikka oppilas tuntee kehityksensä alkuvaiheissa voimakasta kiintymystä mestarin ulkoista olemusta kohtaan, sitä ei voida kutsua kahleeksi. Kaksi ihmistä voivat fyysisellä tasolla saattaa toisensa kahleisiin, mutta todellinen mestari ei voi kahlehtia ketään, koska mestari ei ole keho. Hän ei ole henkilö siinä mielessä kuin ajattelemme henkilökohtaisia ystäviämme ja muita ihmisiä. Mestari on sekä persoonaton että persoonallinen. Kahleet ovat olemassa ollessasi kiintynyt henkilön kehoon. Kun rakastat mestarin ulkoista olemusta, et rakasta rajallista yksilöä, vaan puhdasta tietoisuutta, ja tämän mestari hitaasti paljastaa sinulle. Kun sisäinen tietoisuutesi kasvaa eli tietoisuutesi mestarin olemuksesta luonnosta syvenee, alat vähitellen kokea, kuinka mestari on läsnä kaikessa. Tulet tietämään, että mestari ei ole rajoitettu kehoon, että hän on *atma shakti,* joka on kaikkialla. Mestari itse vie sinut tämän kokemuksen läpi. Hänen armonsa auttaa sinua lopulta vapautumaan kaikista kahleista. Siksi Amma sanoo, että mestarin ulkoinen olemus ei voi koskaan kahlita sinua."

Todellinen Mestari poistaa kaiken kivun

Kysymys: "Amma siis sanoo, että kiintymys gurun ulkoiseen muotoon on tärkeää? Entä kaikki se tuska, josta jotkut puhuvat – tuska, joka liittyy kiintymykseen mestaria kohtaan?

Äiti: "Amma ei ymmärrä ihmisten kummallisia käsityksiä. Sanot, että koska kiintymykseen mestarin fyysistä olomuotoa kohtaan liittyy hiukan tuskaa, siihen ei kannata kiintyä. Lapset, voitteko näyttää Ammalle jonkun tässä maailmassa, jolla ei ole tuskaa? Ihmiset ovat tuskassa jatkuvasti, joko fyysisesti tai henkisesti. Kysykää keneltä tahansa maailmassa, ja he kertovat teille, kuinka 'minun kehoni kärsii niin paljon,' 'tunteitani on loukattu,' tai 'se ja se ei kohdellut minua kunnioittavasti ja tunnen itseni loukatuksi.' Kerro Ammalle, kuka ei kärsi kivusta! Ihmiset läpikäyvät tuskaa joko sisäisesti tai ulkoisesti. Mitä sinä tiedät kivusta? Kipu ei tarkoita pelkästään fyysistä kipua. Sisäiset haavat ovat paljon tuskallisempia. Väitteessäsi, että kiintymys ulkoiseen guruun aiheuttaa kipua, ei ole logiikkaa. Kannat sisälläsi menneisyytesi aiheuttamia syviä haavoja. Kaikki nuo haavat ja niiden mukanaan tuoma kärsimys ovat seurausta liiallisesta kiintymyksestäsi maailman nautintoja kohtaan. Mätää täynnä olevat märkivät haavasi ja niistä johtuva tuska eivät huoleta sinua. Kaikki nuo haavat pysyvät parantumattomina. Kukaan ei voi parantaa niitä, koska kantamasi haavat ja taipumukset ovat peräisin menneistä elämistäsi. Ne eivät ole pelkästään tästä elämästä. Yksikään lääkäri tai psykoterapeutti ei kykene parantamaan niitä. He eivät pysty pääsemään riittävän syvälle mieleesi poistamaan haavoja. Haavasi ja taipumuksesi ovat syvällä sisälläsi, ne ovat hyvin vanhoja, ja ne ovat hitaasti alkaneet nakertamaan sinua sisältä päin.

Ihmiset kääntyvät asiantuntijoiden puoleen lievittääkseen sisäistä tuskaansa, mutta kaikki maailman asiantuntijat, lääkärit, tiedemiehet, psykologit jne. ovat ihmisiä, jotka itse elävät omassa mielessään, egonsa luomassa pienessä maailmassa. Kuinka he pystyisivät näkemään toisten mielet, kun he eivät näe omaansakaan? Niin pitkään kuin he ovat oman mielensä ja egonsa otteessa, kuinka he voisivat auttaa toisia pääsemään mielen ja egon yli? Aivan kuten sinulla, myös heillä on syviä haavoja ja vahvoja taipumuksia. Sellaiset asiantuntijat eivät voi auttaa sinua haavojesi parantamisessa ja kivun poistamisessa. Vain todellinen mestari, joka on täysin vapaa sellaisista rajoituksista, ja joka on mielen tuolla puolen, voi nähdä mieleesi ja hoitaa kaikki nuo parantamatta jääneet haavat sekä poistaa kaikki voimakkaat taipumuksesi ja vanhat tapasi.

On hyvin outoa kuulla sinun sanovan, että jotkut eivät halua kiintyä mestarin ulkoiseen muotoon, koska siihen liittyy kipua. Sinä koet jo nyt valtavasti tuskaa. Itse asiassa olet syvän, ahdistavan tuskan ruumiillistuma. Kiintymys mestarin ulkoiseen olemukseen ei voi synnyttää minkäänlaista kipua, koska hän ei ole esine, eikä hän ole keho eikä ego. Hän on tuolla puolen. Hän ei voi mitenkään loukata sinua tai pakottaa sinua mihinkään. Hän on kuten avaruus, rajaton taivas, eikä avaruus voi loukata sinua. Älä siis heijasta ennakkokäsityksiäsi mestariin tai yritä arvioida häntä. Mieli on sisäsyntyisesti väärässä, se on kyvytön tekemään mitään pätevää arviota. Kaikki käsityksesi ja arviosi kuuluvat omaan mieleesi, eikä niillä ole mitään tekemistä täydellisen mestarin kanssa, joka on mielen yläpuolella. Mieli voi ehkä arvioida toista mieltä, mutta se ei voi arvioida sellaista, mikä on sen yläpuolella. Mieli tai ego voivat loukata toista mieltä tai egoa, mutta sellainen henkilö, joka on mielen tuolla puolen, ei voi loukata ketään, koska hänellä ei ole egoa tai arvioita suunnattavaksi ketään kohtaan. Tuskasi on sisälläsi, se ei tule mestarilta.

Kun olet suuren mestarin, *satgurun*, fyysisessä läheisyydessä, sinut pannaan katsomaan kaikkea kipuasi. Se on ollut piilossa sisälläsi, ja nyt se tulee esiin, koska todellinen mestari on kuin aurinko, henkinen aurinko. Hänen lähellään ei ole yötä, vaan jatkuva päivänvalo. Mestarin auringon loistaessa valo pääsee syvälle mieleesi ja näet kaiken, mitä on sisälläsi. Näet sisälläsi kätkössä olevan helvetin ja nähtyäsi tiedät, että se on siellä. Se on aina ollut siellä, mutta et tiennyt sitä. Kuinka voit poistaa piilossa olevan tuskasi, ellet ole tietoinen sen olemassaolosta? On tärkeää tietää, että kärsimyksesi tulee sisältä, ei ulkoa. Tähän saakka olet ajatellut tuskan aiheutuneen ulkoisista tekijöistä, kuten särkyneistä ihmissuhteista, täyttymättömistä toiveista, jonkun ihmisen kuolemasta, toisten vihasta, loukkauksista ja pahoista sanoista. Mutta tuon kivun todellinen lähde löytyy sisältäsi. Ja nyt, mestarin äärettömän henkisen loiston valossa sinut pannaan näkemään kaikki selvästi. Tajuat, että kaikki kärsimys on sisälläsi.

Muista, että mestari ei jätä sinua siihen yksin. Hän auttaa sinua käyttämällä ääretöntä henkistä energiaansa. Hän parantaa haavasi.

Kipu ei siis johdu kiintymyksestäsi mestarin ulkoista olemusta kohtaan, vaan sen aiheuttaa mielesi ja kielteiset taipumuksesi. Kun tulet ymmärtämään kärsimyksesi luonteen, sinun on tehtävä yhteistyötä mestarin kanssa. Hän on jumalallinen lääkäri, jonka kyvyt ja energia eivät lopu koskaan.

Muista, että olet suurta leikkausta vaativa potilas. Mutta älä huolehdi, tähän lääkäriin voit luottaa täydellisesti. Usko häneen täydellisesti. Olet hänen leikkaussalissaan. Anna hänen tehdä työtään parissasi. Tee yhteistyötä hänen kanssaan äläkä taistele vastaan. Ole aloillasi, älä liiku. Toki hän antaa sinulle puudutuksen. Hänen puudutuksensa on hänen koko olemuksellaan ilmaisemansa ehtoja asettamaton rakkaus ja myötätunto. Siinä puudutuksessa olet valmis menemään leikkaukseen.

Kun mestari on aloittanut leikkauksen, hän ei päästä sinua pois, sillä yksikään lääkäri ei anna potilaansa karata leikkauksen ollessa kesken. Tavalla tai toisella mestari pitää huolta siitä, että pysyt leikkauspöydällä, koska olisi vaarallista, jos karkaisit kesken operaation. *Satguru* ei päästä sinua karkuun. Mutta *satgurun* suorittama operaatio ei ole kovinkaan kivulias suhteessa sairautesi syvimpään asteeseen, eikä verrattuna korkeimpaan autuuteen ja muihin hyötyihin, jotka saavutat. Mestarin ylitsevuotava rakkaus ja myötätunto vähentävät kärsimystä suuresti. Todellinen mestari on yhtä Jumalan kanssa, ja siksi paistattelet päivää Jumalan rakkaudessa ja myötätunnossa. Mestari ei anna kipua, hän poistaa sen. Hänen tavoitteenaan ei ole lievittää kärsimystäsi väliaikaisesti, vaan pysyvästi – ikuisesti. Mutta jostain syystä ihmiset haluavat pitää kipunsa. Vaikka luontomme on korkein autuus, näyttää siltä, että nykyisessä tilassaan ihmiset nauttivat kivusta, ikään kuin siitä olisi tullut luonnollinen osa heitä.

Kädestä ennustaja tulkitsi jonkun kättä ja ennusti: 'Ennen viidettäkymmenettä ikävuotta koet elämässäsi paljon surua ja kärsimystä. Koet jatkuvaa henkistä tuskaa ja ahdistusta.' 'Entä viidenkymmenen jälkeen?' kysyi asiakas. Kädestä ennustaja sanoi tyynesti: 'Viidenkymmenen jälkeen siitä tulee toinen luontosi.'"

Ilmoille räjähti valtaisa naurunrähäkkä, ja jopa Äiti nauroi mukana. Hän jatkoi: "Näyttää siltä, kuin ihmisluonteelle olisi käynyt melkein näin. Ihmiset ovat tuskaisia, ja he ovat melkein samaistuneet kärsimykseensä. Näin on käynyt jopa siinä määrin, että he eivät ole edes tietoisia siitä, eivätkä he halua todella päästä siitä eroon."

Kysymyksen esittänyt *brahmachari* sanoi: "Amma, minulla on vielä yksi kysymys." Hän katsoi Äitiä nähdäkseen hänen reaktionsa, sillä joskus Äiti pysyy hiljaa vastaamatta mihinkään kysymyksiin. Äidin tiet ovat aina arvoituksellisia ja arvaamattomia. Kukaan ei tiedä, milloin hän päättää puhua, ja milloin olla puhumatta. Jopa keskellä inspiroivaa idearikasta keskustelua Äiti saattaa yhtäkkiä siirtyä omaan äärettömään tietoisuuteensa. Hänen loputtoman runsaat mielentilansa ovat inhimillisen käsityskyvyn tavoittamattomissa. Ne voivat ilmetä missä ja milloin tahansa.

Korkein Jumalatar eikä kukaan muu

Kerran eräät Äidin seuraajat halusivat viedä hänet kuuluisaan Devi-temppeliin Tamil Nadun osavaltiossa. Oli kesä 1977. Tämä oli vaihetta, jolloin hän menetti usein ulkoisen tietoisuutensa täysin, eikä hänellä sellaisina hetkinä ollut minkäänlaista kehotietoisuutta. Perhe, joka halusi viedä hänet temppeliin, oli hyvin omistautunut hänelle. Tuohon aikaan Äidin ympärillä ei ollut yhtä paljon väkeä kuin nykyään. Seuraajat tulivat vain *bhava-darshaneihin* ja kutsuivat usein niiden lopuksi Äidin seuraavana päivänä koteihinsa. Äiti vietti usein päivän tai kaksi heidän kanssaan. He toivoivat, että jos hän tuli heidän kotiinsa, he voisivat huolehtia hänestä päivän pari ja hän saisi hiukan lepoa. Noihin aikoihin Äiti ei koskaan syönyt eikä nukkunut, ellei joku ollut muistuttamassa häntä siitä, ja tarpeen tullen kovistellut häntä ja vaatinut häntä lepäämään ja syömään edes joskus. Mutta silloinkaan se ei käynyt helposti. Hänen kehonsa vaatimukset eivät koskaan huolettaneet häntä. Enimmäkseen hän pysyi täysin sisäisessä mielentilassa.

Krishna- ja Devi-*bhavoja* vietettiin kolmena päivänä viikossa, tiistaisin, torstaisin ja sunnuntaisin. Kaikkina noina päivinä Äiti vastaanotti ihmisiä 12-13 tunnin ajan. *Bhajanit* alkoivat iltapäivällä puoli neljän tai neljän maissa ja kestivät kuuteen illalla. Yön alkuosa oli Krishna-*bhavaa*, alkaen yleensä puoli seitsemältä illalla, ja loppuosa oli Devi-*bhavaa*. Jos paikalla oli kaksituhatta ihmistä, vastaanottoja tuli neljätuhatta, sillä kaikki menivät *darshaniin* kahdesti, ensin Krishna-*darshaniin* ja sitten Devi-*darshaniin*. Devi-*bhava* loppui joskus vasta seitsemältä tai kahdeksalta aamulla.

Vain muutama perhe oli todella läheinen Äidille, mikä tarkoittaa, että vain muutamat olivat riittävän onnekkaita ymmärtämään Äidin elävän korkeimmassa henkisen oivalluksen tilassa. Äidin Devi-temppeliin kutsunut perhe oli yksi tällaisista. Aluksi hän ei osoittanut minkäänlaista kiinnostusta lähteä, mutta lopuksi hän myöntyi heidän viattomiin rukouksiinsa, kuten aina.

Äiti sanoi kerran temppeleistä: "Ulkoinen temppeli on niitä varten, jotka eivät ole oivaltaneet Jumalan jatkuvaa läsnäoloa omassa sydämessään. Kun tuo oivallus tapahtuu, Jumala täyttää kaiken sisällä ja ulkona. Sellaiselle henkilölle jokainen paikka tässä maailmankaikkeudessa, maailmankaikkeuden jokainen piste, on temppeli."

Seuraava Äidin kertoma tarina valaisee tätä näkökohtaa.

"Namdev oli Krishnan pitkälle kehittynyt seuraaja. Krishna itse oli kehottanut häntä menemään ja antautumaan eräälle valaistuneelle henkilölle, Vishobukecharalle, joka asui Shiva-temppelissä kylän ulkolaidalla. Saavuttuaan perille Namdev näki vanhan miehen makaamassa temppelin kaikkein pyhimmässä osassa jalat lepäämässä *Shiva-lingamin* päällä. Raivostuneena sellaisesta pyhäinhäväistyksestä hän taputti kovaan ääneen käsiään yhteen herättääkseen vanhan miehen. Mies kuuli äänen ja avasi silmänsä. Hän katsoi tulijaa ja sanoi: 'Ahaa! Sinä olet Namdev, jonka Vittal lähetti, etkö olekin?' Seuraaja oli ihmeissään ja ymmärsi seisovansa suuren sielun edessä. Mutta silti hän ei ymmärtänyt erästä asiaa, ja hän sanoi miehelle: 'Olet epäilemättä suuri olento, mutta en ymmärrä, kuinka saatat lepuuttaa jalkojasi pyhän *lingamin* päällä.' Pyhimys vastasi: 'Todellako, ovatko jalkani *lingamin* päällä? En tiennyt sitä. Ole ystävällinen, siirrä ne pois, minä olen liian väsynyt.' Namdev siirsi vanhuksen jalat lattialle, mutta kumma kyllä siihen ilmestyi *Shiva-lingam*. Hän yritti siirtää jalkoja moneen eri paikkaan, mutta *lingam* ilmestyi kaikkialle, minne vanhuksen jalat koskettivat. Lopulta Namdev asetti jalat syliinsä ja niin tehdessään hän itse saavutti Shivan tilan.

Todellinen *mahatma* on Jumala itse. Hänen ei tarvitse mennä temppeliin tai muihin palvontapaikkoihin, koska hänen olinpaikkansa on temppeli itsessään. Mutta joskus hän käy pyhissä paikoissa vain näyttääkseen esimerkkiä."

Äiti kuitenkin meni temppeliin tehdäkseen seuraajansa onnelliseksi. Saapuessaan paikalle he seisoivat sisäänkäynnin edessä paikalla, josta Jumalallisen Äidin, Devin patsas näkyi selvästi temppelin kaikkein pyhimmässä osassa. Kun Äiti näki Devin hahmon hän meni välittömästi *samadhiin*. Hän seisoi täysin liikkumatta yli puolitoista tuntia. Perheenjäsenet olivat hyvin peloissaan tämän vuoksi. Äiti pysyi hievahtamatta paikallaan kuin vuori. Heitä hämmästytti kovasti hänen asentonsa. Hän seisoi täsmälleen samassa asennossa kuin sisällä oleva patsas.

He miettivät, kuinka saattaa Äiti takaisin normaaliin ulkoiseen tietoisuudentilaan. Silloin heidän luokseen tuli yllättäen keski-ikäinen nainen. Hänen kasvoillaan oli ylväs ilme, mutta hän vaikutti myös hyvin hartaalta ja vilpittömältä. Hän osoitti puheensa perheenpäälle käskevään sävyyn: 'Etkö näe, että tuo (osoittaen Deviä temppelissä) ja tämä (osoittaen syvässä *samadhissa* olevaa Äitiä) ovat yksi ja sama? Resitoikaa *Miinakshi Stotra*! Naisen sanat tulivat niin aidosti, että perheenpää alkoi kuin tottelevainen lapsi spontaanisti resitoida kyseistä Jumalalliselle Äidille omistettua muinaista sanskritinkielistä hymniä.

Miinakshi Stotra

Oi Sri Vidya,
joka kaunistat Shivan vasenta kylkeä,
jota kuninkaitten Kuningas palvoo,
joka olet kaikkien gurujen ruumiillistuma
herra Vishnusta alkaen,
joka olet Chintamanin aarre,
toivomukset täyttävä jumalallinen jalokivi,
se, jonka jalkoja
Saraswati ja Girija palvovat,
Shambhon puoliso, Shivan sydämen valittu,
joka säihkyt kuin keskipäivän aurinko,
kuningas Malayadwajan tytär,
pelasta minut, oi Äiti Miinakshi!

Hänen laulaessaan *stotraa* nainen itse oli syvässä rukouksessa pitäen silmänsä kiinni ja kädet yhteenliitettyinä.

169

Muutaman minuutin päästä Äiti palasi tavalliseen tilaansa, mutta hän seisoi yhä samassa paikassa hieman sivuille keinuen. Hänen katseensa oli kiinnitetty Devin patsaaseen tai jonnekin muualle, oli mahdotonta sanoa tarkalleen minne. Perhe lopetti laulamisen.

Tuntematon nainen, joka oli kehottanut perhettä laulamaan *Miinakshi Stotraa*, lankesi Äidin jalkojen juureen ja pysyi siinä pitkän aikaa, kunnes Äiti kumartui ja veti häntä rakastavasti itseään kohden. Äidin kasvoilla oli poikkeuksellisen rakkaudellinen ilme, kun hän katsoi naista. Nainen näytti olevan autuuden tilassa. Äiti katsoi häntä pitkän aikaa. Lopulta hän veti lempeästi hänen päänsä olkapäätään vasten. Nainen vuodatti autuaallisia kyyneleitä levätessään siinä. Kukaan ei tiennyt, kuka nainen oli tai mistä hän oli tullut.

Tämä on vain yksi lukemattomista samanlaisista tapahtumista Äidin ympärillä. Temppeliin tullut nainen oli kuin jumalallinen sanansaattaja, joka halusi muistuttaa kaikkia, etenkin perheenjäseniä siitä, että Äiti oli Korkein Jumalatar itse.

Siksi *brahmachari*, joka halusi esittää kysymyksen, lopetti yhtäkkiä ja katsoi Äitiin. Hän halusi varmistaa, että Äiti oli tavallisessa mielentilassaan. Nähtyään, että Äiti oli halukas vastaamaan hänen kysymykseensä, hän jatkoi.

Kiintymys Satguruun on kiintymystä Jumalaan

Kysymys: "Amma, minä vieläkin ihmettelen, onko kiintymys ulkoiseen mestariin välttämätöntä, vai riittääkö pelkkä Jumalan oivaltamisen kaipaus lopullisen päämäärän saavuttamiseen."

Äiti: "Lapset, muistakaa ennen kaikkea, että kiintymys mestaria kohtaan on kiintymystä Jumalaan. Ongelmananne on, että yritätte erotella Jumalan ja todellisen mestarin välillä. Todellisen mestarin fyysiseen olemukseen kohdistuva kiintymys voimistaa kaipaustanne Perimmäisen oivaltamiseen. On kuin eläisitte Jumalan kanssa. Hän tekee henkisestä matkastanne paljon helpomman. Sellainen mestari on sekä päämäärä että tie tuohon päämäärään. Mutta oppilaan on samalla tietoisesti yritettävä nähdä mestari kaikessa luodussa. Hänen on myös yritettävä parhaansa mukaan totella mestaria ja noudattaa hänen ohjeitaan.

Onko sinulla aavistustakaan Jumalasta tai perimmäisen oivalluksen tilasta? Olet kuullut ja lukenut siitä, siinä kaikki. Mitä oletkaan lukenut ja kuullut, kaikki se on pelkkiä sanoja. Mutta itse kokemus on kaukana niiden tavoittamattomissa. Se on käsittämätön mysteeri.

Et voi kokea jumaltietoisuuden tilaa pelkkien aistien tai oppimiesi pyhien kirjoitusten kautta. Kokeaksesi sen sinun on kehitettävä itsessäsi uusi silmä, sisäinen tai kolmas silmä. Kahdesta silmästäsi on tultava yksi, vasta silloin voit nähdä Jumalan. Tämä tarkoittaa, että vaikka näetkin kaiken kahdella silmälläsi, sinun ei tulisi nähdä kaksinaisuuden maailmaa. Kaikki kaksinaisuus katoaa ja näet luomakunnan, koko maailmankaikkeuden ykseyden. Vain todellinen mestari voi avata sisäisen, todellisen tiedon silmän."

Tämä Äidin lausahdus muistuttaa siitä, mitä täydellinen mestari Krishna sanoi oppilaalleen Arjunalle:

"Et voi kokea minua pelkästään fyysisen silmäsi välityksellä. Siksi annan sinulle jumalallisen näkemisen voiman. Katso, kuinka voimani on kaikkeuden Herra."

Bhagavad Gita, Luku 11, Säe 8

Äiti jatkoi: "Saatat kaivata Jumalan oivaltamista, mutta se ei ehkä jatku pitkään. Kaipauksen voimakkuus heikkenee, ellet ole erittäin kyvykäs oppilas. Kaipauksesi tulee ja menee, se on erittäin epävakaa. Vaikka pystyisitkin ylläpitämään sen, saatat silti haluta voimakkaasti maailman nautintoja. Et tiedä, kuinka luoda tasapaino sisäisen ja ulkoisen maailman välille. Jos mestari ei ole paikalla opastamassa sinua aina silloin tällöin, saatat livetä polulta ja kulkea väärään suuntaan, tai saatat keskeyttää matkasi ja langeta takaisin maailmaan. Silloin saatat menettää kaiken uskosi ja päätyä ajattelemaan, että mitään jumalaoivallusta tai itseoivallusta ei ole olemassakaan.

Kiintymys mestarin ulkoiseen olemukseen on samanlaista kuin *gopien* kiintymys Krishnan muotoon, Hanumanin kiintymys Raman muotoon, tai Jeesuksen tai Buddhan oppilaiden kiintymys näitä kohtaan. Nuo oppilaat elivät Jumalan kanssa. Todellisen mestarin seurassa oleminen fyysisesti ja hänen ulkoiseen olemukseensa kiintyminen on kuin eläisi puhtaan tietoisuuden tai perimmäisyyden kanssa ja olisi näihin kiintynyt. Se innostaa sinua ja synnyttää sisälläsi syvän kaipauksen, ja kykenet ylläpitämään sen. Kun olet mestarin tarkkailun alla, et voi harhautua polulta, mikäli elät uskossa, antautuen ja tottelevaisena mestarin sanoja kohtaan.

Olla kiintynyt *satgurun* ulkoiseen muotoon on kuin olisi suorassa yhteydessä perimmäisen totuuden kanssa. Sellaisen suuren olennon seura on niin jumalallisuuden täyttämää, että tunnet jumalallisuuden sydämessäsi, näet silmilläsi ja aistit sen kaikkialla. Tunnet sen konkreettisesti mestarin koko olemuksen kautta – katsoessasi hänen silmiinsä, tuntiessasi hänen kosketuksensa, tarkkaillessasi hänen toimiaan ja kuunnellessasi hänen sanojaan.

Jokainen haluaa itselleen jonkin kiintymyksen kohteen: poikatai tyttöystävän, aviomiehen tai vaimon. Lapset takertuvat vanhempiinsa tai leluihinsa tai vaativat veljiensä tai siskojensa seuraa, ja ihmiset haluavat ystäviä. Maailmassa on lukemattomia asioita pitämässä ihmisten mielet kiireisinä. Liikeyritykset tuottavat jatkuvasti uusia tuotteita tätä tarkoitusta varten. Onnellisuuden etsinnässään - eli tarpeessaan hiljentää mielensä – ihmiset juoksevat erilaisten kohteiden perässä. Yksi kohde osoittautuu ikävystyttäväksi ja heidän on pakko siirtyä seuraavaan kohteeseen. Etsintä on loputon.

Kun markkinoilla on jotakin uutta, kun esimerkiksi uusi elokuva saa ensi-iltansa, mielesi innostuu ja haluat nähdä sen. Mitä enemmän kuulet elokuvasta, sitä enemmän haluat nähdä sen. Ja kun mielihalusi on tullut täytetyksi, vaivaava mielesi hiljenee joksikin aikaa, kunnes kuulet uudesta elokuvasta, tai jostakin muusta. Mieli on tällainen. Se ei voi olla hiljaa, se ei kykene olemaan itsekseen ja onnellinen. Jos sillä ei ole mitään kohdetta, johon kiintyä, se tulee tavattoman levottomaksi. Mieli luo pitkän kiintymyksen ketjun.

Ihmiset elävät mielikuvitusmaailmassa ja rakentavat pilvilinnoja. Jos he eivät pysty unelmoimaan, tai jos heillä ei ole mitään ajateltavaa, he saattavat tulla hulluksi tai tehdä itsemurhan. Tulet väistämättä kyllästymään asioihin ja kokemuksiin, joita maailmasta saat. Et voi jäädä mihinkään asiaan määräämättömän pitkäksi ajaksi. Sinun on kuljettava, koska mieli kulkee jatkuvasti kohteesta toiseen, se pakottaa sinut pomppimaan yhdestä asiasta seuraavaan. Mielen äärettömien vaatimusten vuoksi jokainen maallinen tilanne tulee jossain vaiheessa ikävystyttäväksi. Siksi ihmiset lännessä kokeilevat eri poika- ja tyttöystäviä, tai aviomiehiä ja vaimoja, tai uutta kotia eri kaupungissa. He haluavat kokeilla uusia asioita, uusia ihmissuhteita, koska he väsyvät niin helposti vanhoihin tuttuihin asioihin. Mieli on takertunut tuhanteen eri asiaan ja vetää sinua joka suuntaan.

Mieli ailahtelee jatkuvasti ja on täynnä kielteisyyttä. Siksi jopa nyt tuntemasi henkinen kaipaus saattaa hävitä, sillä tämänhetkinen oivalluksen kaipuusi on peräisin mielestä. Jonain päivänä saatat yhtäkkiä kyllästyä, koska mielen luonteeseen kuuluu kyllästyä kaikkeen ja koska se haluaa aina jotakin uutta. Jos sinulla ei ole mitään, mihin pitäytyä, se tulee kyllästymään myös hengelliseen elämään.

Jotta voisit vakauttaa ja rauhoittaa mielesi, sinun on oltava kiintynyt johonkin mieltä korkeampaan. Mieli on maailman meluisin paikka. Jollei sillä ole olemassa mitään, jota se voisi todella mietiskellä ja meditoida, se ei tule olemaan hiljaa. Mutta meditaation tai mietiskelyn kohde ei saisi olla mitään tuttua, sillä muuten mieli kyllästyy pian.

Tämänhetkinen kaipauksesi jumaloivallukseen saattaa olla vain yksi takertumisen kohde monien joukossa. Et pysty vastustamaan kiusauksia kovin pitkään. Nykyisessä tilassasi muut kiintymyksesi ovat paljon voimakkaampia kuin kiintymys jumaloivallukseen. Tuntemasi kaipaus voisi olla peräisin vaikkapa jostakin kiihotuksesta ja houkuttelevuudesta, jota olet saattanut tuntea jonakin erityisen innostavana hetkenä. Se voi haihtua pian pois, sillä ikävystyminen seuraa väistämättä, ellet tunne paljon voimakkaampaa ja

houkuttelevampaa vetoa. Tuo suurempi veto on kiintymys mestarin
ulkoiseen olemukseen. Se kiintymys kumoaa kaikki muut kiinty-
mykset. Tuntemalla vetoa ja kiintymystä mestarin muotoon kehität
erikoisen voiman kestää kaikki muut houkutukset. Mestarin fyysi-
sessä läheisyydessä on jumalallisuus läsnä, siksi siinä ei ole mahdollis-
ta ikävystyä. Ikävystyminen on mahdollista ainoastaan silloin, kun
mieli askartelee maailman asioiden, kokemusten ja ideoiden parissa.
Mieli kyllästyy helposti ulkoisiin asioihin, koska todellinen onnel-
lisuus ei ole minkään maailmaan kuuluvan kohteen ominaisuus.
Satguru on kuitenkin itse ikuisen autuuden ja onnellisuuden lähde.
Hänen olemuksensa on kuolematon, ja jos olet tarpeeksi utelias, voit
hänen seurassaan kokea äärettömyyden paljastuvan loputtomin eri
tavoin. Siksi mestarin seurassa ikävystyminen on hyvin harvinaista.
Hän on jumalallisuuden ruumiillistuma, eikä hänen jumalalliselle
läsnäololleen avoin henkilö voi kyllästyä. Kiintymys mestarin fyy-
siseen hahmoon täyttää oppilaan sydämen rakkaudella, innostuk-
sella, tyytyväisyyden ja uutuuden tunteella. Mestari itse istuttaa
nämä ominaisuudet oppilaaseen. Kun oppilas tuntee masennusta
tai voimattomuutta, mestari nostaa hänet kielteisestä olotilastaan
ja rohkaisee häntä jatkamaan eteenpäin uudella päättäväisyydellä
ja innolla. Mestari tekee tämän ehtoja asettamattoman rakkautensa
ja myötätuntonsa välityksellä, tai antamalla oppilaalle inspiroivan
kokemuksen. Tämä auttaa oppilaan meluisaa mieltä asettumaan ja
rauhoittumaan, sillä ainoastaan todellisen mestarin seurassa levoton
mieli voi levätä ikuisesti koskaan kyllästymättä.

Henkisyys ei ole ulkoisesti havaittava asia kuten aurinko ja kuu,
vuoret ja joet. Henkisyys on uskoa. Vain täydellinen usko voi auttaa
pääsemään päämäärään.

Jokainen ihminen maailmassa on joko älyllinen tai tunteel-
linen. Usko on älypainotteisille ihmisille vaikeaa, sillä he uskovat
ainoastaan näkyviin asioihin. Koska Jumala on näkymätön, on
hänen olemassaoloonsa vain uskottava, eikä uskominen ole älyllinen
toiminto. Tunteelliset ihmiset saattavat uskoa helpommin, mutta
täydellinen usko ei ole helppoa heillekään, koska heidän uskonsa ei

ole yksipisteistä. Heidän uskonsa on vain osittaista heidän epäilevien mieltensä takia. Ja pian, alkaessaan kyllästyä, he etsivät jotakin toista kohdetta, johon kiinnittää uskonsa.

Sekä älylliset että tunteelliset ihmiset tarvitsevat selviä näkyviä todisteita uskoakseen ja vahvistaakseen uskoaan. Ilman todisteita he saattavat ehkä kehittää hieman kiinnostusta, pikkuisen kaipausta Jumalan oivaltamista kohtaan, ja jolleivät he saa todellista kokemusta tai tunne jumalallisuuden läsnäoloa hyvin selkeästi, he saattavat pian kääntyä takaisin ja sanoa: "Tämä on pelkkää hölynpölyä. Ei mitään Jumalaa tai jumaloivallusta ole olemassa." Ongelma on tietenkin heidän omassa mielessään ja kärsivällisyyden puutteessaan. Jos heillä kuitenkin on jokin kiinnekohta, he pysyvät luottavaisella mielellä ja tuntevat innoitusta, mikä auttaa heitä pysymään henkisellä tiellä ja elämään sen periaatteiden mukaisesti. Mutta tämä on mahdollista ainoastaan todellisen mestarin seurassa, kehittämällä henkilökohtaisen suhteen hänen kanssaan ja kiintymällä hänen ulkoiseen olemukseensa. Tekemällä niin vakiinnutat suhteen Jumalan kanssa, perimmäisyyden tietoisuuden kanssa, oman sisäisen Itsesi kanssa. Tämä ei ole samaa kuin tavalliseen ihmiseen kiintyminen. Tämä on suhde, joka auttaa sinua olemaan kiintymätön, takertumaton, kaikissa olosuhteissa. Se valmistaa mieltäsi kohti lopullista hyppyä jumaltietoisuuteen."

Vallitsi hiljaisuus. Äidin voimakkaat sanat vaikuttivat soivan kaikkialla, niin kuulijoiden sydämissä kuin ulkoisessa fyysisessä ympäristössäkin. Vallitsi innoittava meditatiivinen ilmapiiri, aivan kuin sen tarkoituksena olisi ollut antaa selvä kokemus siitä, mitä Äiti oli juuri sanonut suuren *mahatman* läheisyyden merkityksestä, hänen ulkoiseen olemukseensa kiintymyksen tärkeydestä, ja tarpeellisuudesta kehittää suhde jumalallisuuden fyysisen kehollistuman kanssa.

ॐ

16. luku

Äiti, sielun vapauttaja

Äiti istui joidenkin ashramin asukkaiden ja muutaman ulkopuolelta tulleen seuraajan kanssa temppelin edessä palmumetsikössä. Äiti puheli eri aiheista perheellisten seuraajiensa kanssa. Yllättäen Äiti kääntyi Balua kohti ja sanoi: "Ottoormon (poikani Ottoor) haluaa nähdä Amman. Tuo hänet tänne." Balu nousi pystyyn ja meni hakemaan Ottooria. Ottoor oli majoitettuna erityisesti häntä varten rakennettuun huoneeseen, vanhan temppelin takana sijaitsevien maanalaisten meditaatiokammioiden yläpuolelle.

Ottoor Unni Nambootiripadu oli hyvin tunnettu runoilija ja sanskritin tuntija Keralassa. Hän oli erikoistunut *Srimad Bhagavatamiin*, joka kuvaa pääasiallisesti *Vishnun* inkarnaatioita, erityisesti Krishnan lapsuuden kujeiluja ja leikkejä. Ottoorin Krishnaa ylistävät kauniit runot ovat tunnettuja ympäri Intiaa. Krishnan seuraajat rakastavat niitä aivan erityisesti. *Srimad Bhagavatamin* esitaistelijana ja lahjakkaana runoilijana Ottoor oli voittanut monia palkintoja ja vastaanottanut lukuisia arvonimiä sekä keskushallitukselta että osavaltion hallitukselta. Hän oli suuri Krishnan palvoja ja oli läheisissä tekemisissä Keralassa sijaitsevan kuuluisan Guruvayur temppelin kanssa. Seuraavan laulu, nimeltään *Kannante Punya*, antaa kuvan tämän siunatun runoilijan suurenmoisista runoista, sekä hänen antaumuksensa syvyydestä.

Kannante Punya

Koska saan kuulla Kannan suotuisien nimien

soivan korvissani?
Kuunnellessani kihelmöikö ihoni,
ja kyynelten virtaanko kadotan itseni?

Koska koittaa päivä,
jolloin puhdistun kyynelten virrassa?
Ja tuossa täydellisessä tahrattomuudentilassa
toistan Hänen pyhiä nimiään autuudessa?

Kun ylistystä ekstaasissa laulan,
silloin unohdanko maan ja taivaan?
Tanssiessani rakkaudessa unohdan lopulta kaiken.
Pyyhkivätkö tanssini askeleet tahrat näyttämöltä
maailman?

Kun näytelmä on näytelty,
lankeanko vihdoin Äitini syliin?
Ja maatessani Äidin sylissä,
vaivunko Autuuden uneen?

Nukkuessani uneksin Sri Krishnan
kauniista muodosta, joka asuu sydämeni syvyyksissä.
Herätessäni näenkö Sri Krishnan
kauniin muodon, joka lumoaa koko maailman?

Ottoor kirjoitti tämän runon kaksikymmentäviisi vuotta ennen Pyhän Äidin syntymää maanpäälle. Tähän runoon liittyy koskettava tarina, joka osoittaa kuinka jumalallinen inkarnaatio täyttää todellisen seuraajansa vilpittömän rukouksen. Tässä runossa Ottoor sanoo: "Kun näytelmä on näytelty, lankeanko vihdoin Äitini syliin? Ja maatessani Äidin sylissä vaivunko Autuuden uneen?"

Ottoor tapasi Äidin vuonna 1983. Hänet oli kutsuttu Äidin 30-vuotissyntymäpäiväjuhlallisuuksiin. Ottoor oli kuullut Äidistä eräältä tämän seuraajalta Trivandrumissa. Hän oli välittömästi tuntenut voimakasta halua tavata Äidin. Ottoor koki vahvasti, että Äiti oli sekä Suuren Jumalattaren inkarnaatio, että myös hänen rakastamansa jumaluuden Herra Krishnan ruumiillistuma. Täten hän saapui tapaamaan Äitiä tämän syntymäpäivänä 27. Syyskuuta 1983. Heti alusta lähtien, Ottoor, kahdeksankymmentäviisivuotias runoilija ja akateemikko, käyttäytyi kuin kaksivuotias lapsi, joka kaipaa jatkuvasti äitinsä huomiota. Hän ymmärsi viimeinkin saavuttaneensa kohtalonsa osoittaman päämäärän ja päätti jäädä loppuelämäkseen Äidin läheisyyteen. Siitä lähtien hän alkoi kirjoittaa runoja Äidille. Äidin ja kahdeksankymmentäviisivuotiaan runoilijan suhde oli ainutlaatuinen - jotain aivan erityistä ja kaunista. Äiti arvosti suuresti hänen lapsenkaltaista luonnettaan ja antoi hänelle lempinimen 'Unni Kanna' (lapsi Krishna).

Aivan kuin pieni lapsi, Ottoor kysyi kaikkea Äidiltä ennen kuin teki mitään. Jos hän aikoi ottaa jotain tiettyä lääkettä, hän pyysi äidiltä ensiksi lupaa. Jopa ennen kuin hän osti uuden saippuan tai teki muutoksia ruokavaliossaan hän kysyi Äidiltä lupaa. Joskus hän toivoi, että Äiti ruokkisi häntä. Toisinaan hän taas halusi maata Äidin sylissä. Ei ollut harvinaista kuulla hänen huutavan huoneestaan kurkku suorana: "Amma! Amma!", aina kun halusi kovasti nähdä Äidin. Jos Äiti sattui olemaan lähistöllä, meni hän katsomaan Ottooria tämän huoneeseen. Jos Äiti oli huoneessaan eikä päässyt menemään, lähetti hän *prasadia* Gayatrin tai jonkun muun mukana. Tuntien Ottoorin lapsenkaltaisen luonteen Äiti lähetti jonkun hakemaan tämän *darshan*majaan siksi aikaa, kun antoi *darshania* seuraajilleen. Näinä hetkinä Äiti oli hyvin hellä häntä kohtaan ja antoi hänelle paljon huomiota. Hän sai istua aivan Äidin lähellä ja noina hetkinä Ottoor, joka yleensä aina valitteli kehonsa tilaa, unohti täysin kärsimyksensä. Hän rakasti Äidin lähellä istumista. Ottoor tapasi usein sanoa: "Saan niin paljon energiaa Äidin läheisyydestä."

Tämä harvinainen äiti-lapsi suhde on inhimillisen älyn tuolla puolen. Kahdeksankymmentäviisivuotias tunnettu runoilija kutsuu Äitiä, joka oli noihin aikoihin kolmekymmentävuotias, "Ammaksi" (äidiksi). Tätä on ehkä vaikea käsittää ihmismielellä. Ottoor Unni Nambootipadulle Äiti oli sekä Guru että Jumala. Hän näki Äidissä sekä Herra Krishnan, valitun jumaluutensa, että maailmankaikkeuden Äidin. Tämä käy ilmi selkeästi hänen kirjoittamistaan töistä, jotka pitävät sisällään mm. Äidin satakahdeksan nimeä. Seuraava runo, jonka hän kirjoitti, kertoo Äidistä:

Oi Äiti, Sinä olet sekä Krishnan että Kalin ruumiillistuma.
Oi Äiti, Sinä siunaat maailmoja hymylläsi ja laulullasi,
katseellasi ja kosketuksellasi,
tanssillasi ja ilahduttavilla sanoillasi.
Siunaat pyhien jalkojesi kosketuksella,
sekä rakkautesi nektarilla.

Oi Äiti, olet taivaallinen köynnös,
joka iloisesti ja runsaasti jaat elämän lahjat
Dharmasta Mokshaan kaikille olennoille,
Brahmasta ruohonkorteen.
Oi Äiti, joka hämmästytät kaikkia kolmea maailmaa,
ja sidot rakkaudella itseesi ihmisolennot,
mehiläiset, linnut, matelijat sekä metsän puut.

Ottoorilla oli vain yksi toive. Aina kun hän sai Amman *darshanin* hän rukoili: "Amma, kun vedän viimeisen henkäykseni, anna pääni levätä sylissäsi. Tämä on ainoa toiveeni, ainoa rukoukseni. Oi Äiti, Anna minun kuolla syleilyssäsi." Hän toisti tämän rukouksen Äidille aina, kun siihen vain oli tilaisuus. Runoilijamme toisti tämän rukouksen itse asiassa niin usein, että miltei kaikki Äidin seuraajat ja ihailijat tiesivät siitä.

Pian Ottoorista tuli *ashramin* vakituinen asukas. Hänen aikansa *ashramissa* oli hyvin autuaallinen. Hän sanoi usein: "Nyt tiedän, että jumala ei ole hylännyt minua, koska elän Hänen kanssaan ja kylven Hänen rakkaudessaan. Olin ennen surullinen, koska en voinut olla Krishnan, Chaitanya Mahaprabhun, tai muiden *mahatmojen* seurassa, mutta nykyään en koe enää niin, sillä uskon, että Äiti on kaikki he yhdessä.

Juuri ennen Äidin kolmatta maailmankiertuetta vuonna 1989, Ottoorin terveydentila heikkeni huomattavasti. Hänen kehonsa alkoi rapistua, ja vaikka Äiti järjesti kaiken tarvittavan hoidon hänelle, Ottoorin terveys ei palautunut enää ennalleen. Hän tuli hyvin heikoksi, ja hänen näkökykynsä heikkeni nopeasti. Koska hän ei kyennyt näkemään kunnolla, hän ei pystynyt kirjoittamaan edes runoja kuten ennen. Tästä johtuen hän saneli niitä veljenpojalleen Narayanille, joka huolehti myös hänen muista henkilökohtaisista tarpeista.

Vaikka Ottoorin terveydentila pahenikin, hänen lapsenkaltainen viattomuutensa ja suhteensa Äitiin ei muuttunut lainkaan. Itse asiassa se vain voimistui. Hänen kuuluisa rukouksensa saada kuolla Amman sylissä oli nyt jatkuva. Kun hänen näkönsä oli himmentynyt, Ottoor sanoi Äidille: "Ota vain pois ulkoinen näkökykyni, mutta, Oi Taivaallinen Äiti, siunaa palvelijaasi poistamalla sisäinen pimeys ja avaamalla sisäinen silmäni. Älä kiellä lapseltasi tätä."

Tähän Äiti vastasi rakkaudella: "Unni Kanna, älä murehdi! Se on tapahtuva. Kuinka Amma voisi torjua vilpittömän rukouksesi?"

Viikkoa ennen kuin Äiti lähti kolmannelle maailmankiertueelleen, Ottoorin terveys romahti täysin. Hänen tilansa muuttui vakavaksi, ja hän oli täysin sängyn oma. Kaikki ajattelivat hänen olevan kuolemassa. Ottoor itse ei pelännyt kuolemaa. Hänen ainoa pelkonsa oli, että hän kuolisi Amman ollessa ulkomailla. Hän ilmaisi pelkonsa Ammalle ja sanoi: "Amma, tiedän, että sinä olet kaikkialla ja että sylisi on laaja kuin maailmankaikkeus, mutta kuitenkin rukoilen, että olet fyysisesti läsnä, kun jätän kehoni. Jos kuolen, kun olet poissa, toiveeni kuolla sinun sylissäsi ei toteudu." Äiti hyväili häntä hellästi ja sanoi määrätietoisesti: "Ei, poikani Unni, niin ei käy! Voit olla varma, että jätät kehosi vasta Amman palattua." Tämä oli valtava lohdutus Ottoorille. Koska hän kuuli tämän varmistuksen suoraan Äidiltä itseltään, Ottoor oli vakuuttunut, että kuolema ei voisi häntä koskettaa ennen Amman paluuta.

Kolme kuukautta myöhemmin Amma palasi maailmankiertueeltaan *ashramiin* elokuussa. Hänen poissa ollessaan Ottoor oli saanut hoitoa erään ayurvedisen lääkärin kotona, joka oli myös Äidin harras seuraaja. Hän piti potilaasta hyvää huolta, ja Ottoorin terveys parani hieman, mutta jonkin ajan kuluttua se taas heikkeni. Äiti kehotti Ottooria palaamaan *ashramiin*, sillä hänen aikansa jättää tämä maailma taakseen lähestyi.

Krishnan syntymäpäivänä Ottoor istui Äidin lähellä ja osallistui kaikkiin juhlallisuuksiin. Seuraavana päivänä oli *Devi-bhava*. Darshan loppui aamuyöstä kello puolikolmen tienoilla, jonka jälkeen Äiti meni Ottoorin huoneeseen. Ottoor oli iloinen nähdessään Äidin heikosta tilastaan huolimatta. Suuri runoilija itki kuin lapsi ja rukoili: "Oi Amma, Maailmankaikkeuden Äiti, kutsu minut takaisin kotiin! Kutsu minut takaisin, nopeasti!" Aivan kuin äiti, joka huolehtii lapsestaan, Amma silitti ja hieroi runoilijan rintaa ja otsaa, sekä hyväili hänen päätään ylitsevuotavalla rakkaudella ja myötätunnolla.

Eräs seuraaja oli lahjoittanut Äidille sinä päivänä uuden silkkipatjan. Hän pyysi Gayatria tuomaan sen Ottoorin huoneeseen. Gayatri palasi pian patjan kanssa. Amma nosti Ottoorin hauraan ja laihan kehon sängyltä ja piteli häntä käsivarsillaan kuin äiti lastaan, sillä aikaa kun Gayatri, Balu ja Narayanan levittivät uuden patjan sängylle. Ottoorin kokiessa Äidin valtavan myötätunnon osoituksen hän huudahti: "Oi Amma, Maailmankaikkeuden Äiti, miksi vuodatat tätä arvotonta lasta kohtaan niin paljon rakkautta ja myötätuntoa? Oi Amma, Amma, Amma..."

Äiti asetti hänet hellästi takaisin sängylle ja sanoi: "Unni Kanna, poikani, nuku hyvin. Äiti tulee aamulla."

"Oi Amma, laita minut ikuiseen uneen," vastasi Ottoor.

Äiti katsahti jälleen Ottooria rakkaudellisesti ennen kuin lähti huoneesta.

Sinä yönä runoilija saneli viimeisen laulunsa.

Hoitaen minua siinä toivossa,
että paranisin, lääkärit myönsivät tappionsa.
Kaikki sukulaiseni ilmaisevat epätoivonsa.
Oi Äiti, aseta minut syliisi hellästi rakkaudella,
pelasta minut, älä koskaan hylkää minua.

Oi Saradamani, Oi Sudhamani, Oi Pyhä Äiti
aseta minut rakkaudella hellästi syliisi.
Paljasta Ambadin kuu kasvoillasi,
älä viivy, vaan tee minut kuolemattomaksi.

Paljasta veli kuu, Nandan poika kauniilla kasvoillasi,
aseta tämä pieni Kanna pehmeään syliisi.
Oi Äiti, tuudita minut ikuiseen uneen.

Seitsemältä aamulla perjantaina 25. elokuuta 1989, Äiti pyysi Narayanania saapumaan paikalle. Kun tämä saapui, Äiti kertoi hänelle, että Ottoor jättäisi kehonsa parin tunnin sisällä. Hän kertoi Narayananille myös, että hänen tulisi selvittää sedältään halusiko tämä tulla haudatuksi *ashramin* maille vai synnyinpaikkakunnalleen. Narayanan meni Ottoorin huoneeseen ja esitti Äidin kysymyksen. Vaikka hänen äänensä olikin hyvin heikko, Ottoor vastasi selkeästi käsieleiden saattelemana: "Minut haudataan tälle pyhälle maalle. Ei ole muuta paikkaa."

Noin kello kymmenen Ottoor pyysi *brahmacharini* Liilaa, joka seisoi hänen vierellään, kutsumaan Äidin paikalle. Liila ei kuitenkaan välittänyt Ottoorin pyynnöstä, sillä hän piteli lääkeannosta kädessään ja selitti parhaillaan Narayanille annostusta. Lopulta Ottoor tönäisi Liilaa ja sanoi: "Ei enää lääkkeitä! Mene ja hae Äiti!" Liila poistui huoneesta. Seuraavien minuuttien ajan saattoi nähdä kuinka Ottoorin huulet liikkuivat hänen toistaessa jatkuvasti: "Amma, Amma, Amma..." Tämän rukouksen aikana Ottoor Vaipui *samadhiin.*

Tänä aikana Äiti oli huoneessaan. Kun Liila tuli sisään ovesta, Äiti sanoi Gayatrille ja Liilalle: "Muutaman minuutin kuluttua Ottoor poikani jättää kehonsa. Hänen mielensä on nyt täysin keskittynyt Ammaan. Tämä intensiivinen keskittymisentila johtaa *layanaan* (sulautumiseen). Kun tämä tapahtuu, Amma menee hänen luokseen. Intensiivisyys kärsisi, jos Amma menisi aikaisemmin." Pian Äiti jätti huoneensa ja meni Ottoorin huoneeseen Liila perässään. Äiti astui

Ottoorin huoneeseen loistava hymy kasvoillaan ja istuutui tämän sängyn viereen. Ihmeellinen loisto kasvoillaan Äiti katseli Unni Kannansa kasvoja, ikään kuin sanoen: "Tule poikani! Rakas Unni Kannani, tule ja yhdisty minuun, Ikuiseen Äitiisi." Kuten Äiti oli ennustanut, Ottoor makasi sängyllään *layana*-tilassa. Äiti hyväili häntä silittäen hänen päätään ja rintaansa ylitsevuotavalla rakkaudella ja myötätunnolla. Vaikka Ottoor olikin *samadhissa*, hänen silmänsä olivat puoliksi auki. Hänen kasvoillaan ei ollut merkkiäkään kamppailusta tai kivusta. Oli helppo nähdä kuinka syvässä ja autuaassa tilassa hän oli. Äiti siirtyi lähemmäksi hänen päätään ja nosti sen hellästi syliinsä. Kun Äiti katseli rakkaan lapsensa päätä sylissään, hän piteli oikeaa kättään hänen rintansa päällä.

Suuren runoilijan, Äidin Unni Kannan, maatessa siinä Hänen sylissään, Äiti asetti kätensä hellästi hänen silmilleen, ja sulki ne lopullisesti. Ottoor jätti kehonsa, ja hänen sielunsa yhdistyi Äitiin ikuisiksi ajoiksi. Äiti kumartui, ja suuteli hellästi hänen otsaansa.

Täten Maailmankaikkeuden Äiti toteutti hänen kirjoittamansa *kannante punyan* viimeisen säkeen, jonka hän oli kirjoittanut kaksikymmentäviisi vuotta ennen Äidin syntymää maanpäälle.

Kun näytelmä on näytelty,
lankeanko vihdoin Äitini syliin?
Ja maatessani Äidin sylissä,
Vaivunko Autuuden uneen?

Nukkuessani uneksin Sri Krishnan
kauniista muodosta, joka asuu sydämeni syvyyksissä.
Herätessäni näenkö Sri Krishnan
kauniin muodon, joka lumoaa koko maailman?

Tämä tapaus on loistava esimerkki siitä kuinka *Satguru*, joka on itse Jumala, toteuttaa hartaan palvelijansa toiveet.

Toinen merkittävä seikka tässä tapauksessa on Äidin vastaus, kun Ottoor esitti huolensa siitä, että kuolisi Äidin ollessa maailmankiertueella. Tähän hän vastasi, kuten jo aikaisemmin näimme: "Ei, poikani Unni, niin ei käy! Voit olla varma, että jätät kehosi vasta Amman palattua."

Kuka voi antaa tuollaisen vakuutuksen taaten, että toinen ei kuole ennen tiettyä ajankohtaa? Äidin vastaus kuulostaa niin varmalta, aivan kuin kuolema olisi täysin hänen hallinnassaan. On kuin hän sanoisi: "Ilman minun lupaani et koske rakkaaseen lapseeni." Ja kuolema tottelee Häntä! Kuka muu voi komentaa kuolemaa tällä tavoin kuin Amma, joka Ottoorin mukaan on: "Maailmankaikkeuden Jumalallinen Äiti ja absoluuttisen totuuden (Brahmanin) ilmentymä. Totisesti korkein Jumalatar ihmiskehossa..." Kuka muu kuin Jumala itse voi esittää tuollaisen käskyn? Vain Hän, joka on kuoleman tuolla puolen voi sanoa: "Pysähdy ja odota kunnes minä annan käskyn." Eikö tässä käynyt juuri näin?

Ottoorin kuoleman jälkeen kuuluisa kirjailija, kielitieteilijä ja akateemikko, N.V Krishna Warrier, kirjoitti hänestä muistokirjoituksen. "Ottoor näki nuoressa Mata Amritanandamayissa universaalin Äidin, joka puolestaan rakasti ikääntynyttä Ottooria kuin omaa poikaansa. Se oli totisesti ainutlaatuinen äiti-poika suhde."

Palatkaamme vielä erääseen iltapäivään muutama vuosi ennen kuin Ottoor jätti kehonsa. Balu palasi takaisin *ashramiin* Ottoorin kanssa pitäen vanhaa runoilijaa kädestä kiinni. Ottoor kumartui Äidin jalkojen juureen antaumuksella ja nöyryydellä. Maatessaan Äidin jalkojen juuressa hän sanoi: "Amma, tiesit että tämä palvelija tahtoo nähdä sinut. Kaipasin läheisyyteesi. Oi Amma, pyysit minua tulemaan, koska tiesit sydämeni toiveen. Amma, aseta ystävällisesti jalkasi pääni päälle." Äiti nauroi ja sanoi: "Ei, Ei, Unni Kanna! Ne ovat likaiset." Ottoor vastasi vakavalla äänellä: "Mitä sinä sanotkaan? Sinunko jalkasi likaiset? Oi Amma, älä sano niin! Minä tiedän, että jalkojesi tomu voi poistaa koko maailman tietämättömyyden pimeyden. Ole hyvä ja aseta jalkasi pääni päälle, tai muuten en nouse ylös."

Lopulta Äidin oli myönnyttävä Ottoorin tahtoon ja asetettava jalkansa tämän pään päälle. Ottoor, suuri palvoja, oli haltioissaan. Hän toisti kovaan ääneen: "Anandoham, Dhanyoham, Anandoham!"

(Autuas olen, siunattu olen, Autuas olen). Näin toistaessaan hän otti tomua Äidin jaloista ja hieroi sitä joka puolelle kehoaan. Ottoor polvistui Äidin eteen, ja tämä halasi häntä rakkaudellisesti. Suuri runoilija katsoi Äitiä kuin viaton lapsi ja silmät kyynelistä kosteina sanoi: "Oi Amma, älä koskaan hylkää tätä lasta. Anna minun aina olla jumalallisessa seurassasi."

ॐ

Sanasto

ACHARA: perinteinen tapa.

ARATI: seremonia, jossa kuljetetaan palavaa kamferia jumaluuden, pyhimyksen tai tämän kuvan edessä.

BHAIRAVI: Eräs Jumalallisen Äidin olomuoto.

CHANDIKA: Eräs Jumalallisen Äidin olomuoto.

DARSHAN: Jumalan tai mestarin vastaanotto tai ilmestys.

DEVI: Jumalallinen Äiti.

GOPAT JA GOPIT: paimenpoikia ja –tyttöjä, jotka olivat Krishnan antaumuksellisia seuraajia.

DHOTI: eteläintialaisten miesten käyttämä kietaisuhame.

GUNAT: maailmankaikkeuden kolme ominaislaatua *sattva, rajas* ja *tamas.*

LIILA: jumalallinen leikki; maailman sanotaan olevan *liilaa* eli Jumalan leikkiä.

MAHATMA: suuri sielu, oivaltanut mestari.

MUDRA: mystisiä totuuksia ilmentävä käsien asento.

PADA PUJA: pyhimyksen jalkojenpesuseremonia.

PARASHAKTI: maailmankaikkeuden perimmäinen energia.

PRASAD: Jumalan tai pyhimyksen armoitettu lahja.

PRALAYAGNI: maailmankaikkeuden loppuvaiheen tuli, joka nielaise koko kosmoksen. Hindukosmologian mukaan maailmankaikkeus elää sykleittäin. Jokaisen kierron lopuksi maailmankaikkeus tuhoutuu ennen uuden luomisen alkua.

PUJA: Seremonia, jumalanpalvelus, rituaali.

PURNAM: täydellisyys.

PURUSHA: maskuliini, henkinen prinsiippi, tai Jumala.

RAJAS: toiminnan ja aktiivisuuden *guna.*

RAMAYANA: Sri Raman elämästä kertova eepos.

SADHAKA: henkinen oppilas, joka suorittaa *sadhanaa.*

SADHANA: henkiset harjoitukset.

SAKSHI-BHAVA: sivustakatsojan, ulkopuolisen havaitsijan tietoisuustila.

SAKSHI: henkilö, joka on vakiintunut *sakshi-bhavan* tilaan.

SAMADHI: mielen uppoutuminen Totuuteen tai Todellisuuteen

SANJAASI: maailmasta (maallisesta elämästä) luopunut munkki.

SANKALPA: luova päätös.

SATTVA: puhtauden, harmonian, erottelukyvyn, selkeyden ja tietoisuuden *guna*.

SHANKARI: Eräs Jumalallisen Äidin olomuoto tai inkarnaatio.

SRI CHAKRA: Sri Lalitambikan yantra.

SRI LALITAMBIKA: Eräs Jumalallisen Äidin olomuoto tai inkarnaatio.

TAMAS: tietämättömyyden, hitauden, epäselkeyden ja taantumisen *guna*.

TAPAS: kirjaimellisesti 'kuumuus'; se, mikä tuottaa 'kuumuutta' eli henkistä energiaa etsijälle; itsekuriharjoitukset, päämäärän saavuttamiseksi tehtävät uhraukset.

yantra: pyhä geometrinen symboli.